이펙트

교양으로 읽는 인간 심리의 이해

재미있는 심리 효과 이야기
이펙트
effect

정종진 지음

그루

프롤로그

 일찍이 아리스토텔레스가 말한 바와 같이 인간이 사회적 존재임을 부정할 사람은 아무도 없을 것이다. 다른 사람들과 원만한 관계를 맺고 함께 살아가기 위해서는 자기와 타인에 대한 이해가 선행되어야 한다. 그래야 자기의 사고와 행동을 조절할 수 있고 타인과 제대로 상호작용을 할 수 있기 때문이다. 자기 자신이 어떤 사람이며 타인이 왜 저렇게 행동하는지를 알려면 심리학적 지식이 필요하다. 심리학은 인간의 행동과 정신과정을 탐구하여 인간을 이해하기 위한 학문 분야이기 때문이다. 따라서 심리학 공부는 모든 사람들이 해도 되고 안 해도 되는 선택 사항이 아니라 필수라 할 수 있다.

심리학에는 오찬 효과(luncheon effect)를 비롯한 인간의 심리 현상을 설명하는 여러 가지 효과들이 있다. 이 책은 그 중에서 우리의 일생생활 속에서 흔히 볼 수 있으면서 현대인으로서 교양과 인문학적 소양을 기르는 데 도움이 될 수 있는 43개의 심리적 효과에 관한 이야기를 일반인들이 쉽게 이해할 수 있도록 간단히 정리한 것이다. 43개의 심리적 효과는 교육심리학 전공인 필자가 대학 교양과목인 〈인간 심리의 이해〉 강의를 위해 주로 발달심리학, 성격심리학, 학습심리학, 사회심리학, 상담심리학 분야에서 수집한 일상생활 속의 인간 심리 현상에 관한 자료를 토대로 엮은 것이다.

이 책에서 다루고 있는 심리 현상에 관한 효과 이야기를 통해 인간에 대한 심리학적 이해의 폭을 넓히고, 자기에 대한 성찰과 타인에 대한 이해를 도모함으로써 자기성장과 대인관계 개선을 가져오며, 인간의 사고와 행동을 쉽게 이해하고 다스려 나가는 데 큰 도움이 될 것이다. 아무튼 이 책이 일반인들로 하여금 일상생활에서 인간과 삶에 대한 심리학적 이해의 지평을 열어 주고, 성공적이고 행복한 삶을 영위해 나가는 데 도움이 되기를 기대한다. 어려운 출판계의 여건에서도 이 책의 출간을 흔쾌히 수락해주고 멋진 책으로 탄생될 수 있도록 애써 주신 출판사 관계자분들께 감사드린다.

차례

프롤로그 005

친해지고 싶으면 같이 식사하라 / 오찬 효과 013

작심삼일의 늪에 빠지지 않기 위한 전략 / 떠벌림 효과 017

시끄러운 곳에서 대화가 가능한 이유 / 칵테일 파티 효과 021

불황기의 소소하지만 확실한 만족감 / 립스틱 효과 026

대세와 유행에 편승하다 / 밴드왜건 효과 030

부정적 경험의 음식은 꼴도 보기 싫다 / 가르시아 효과 036

긍정의 기대 심리는 개천에서 용이 나게 한다 / 피그말리온 효과 041

점괘가 맞는 것처럼 들리는 이유 / 바넘 효과 046

하지 말라고 하면 더 하고 싶다 / 로미오와 줄리엣 효과 052

사람이든 물건이든 첫인상이 중요하다 / 소크라테스 효과 056

이루어지지 못한 첫사랑을 잊지 못하는 이유 / 자이가르닉 효과 060

나의 말과 행동이 큰 파장을 일으킨다 / 잔물결 효과 065

공간의 제한을 받으면 짜증이 난다 / 고립 효과 070

과시욕과 열등감에서 비롯된 명품 사랑 / 베블런 효과 075

메시지의 영향력에 대한 이중 잣대 / 제3자 효과 081

고객이 북적거리는 장면을 노출시켜라 / 스트루프 효과 086

봉사와 선행은 면역력과 마음치유에 특효약 / 테레사 효과 090

억울한 누명을 쓴 토마토 / 편견 효과 095

뷔페식당에서 본전을 생각하는 심리 / 매몰비용 효과 099

선플보다 악플이 빨리 퍼진다 / 부정성 효과 104

소셜미디어 여론이 극단적으로 대립하는 까닭 / 메아리방 효과 108

약을 먹었으니 괜찮아질 거라는 마음의 힘 / 플라시보 효과 116

공감하면 마음을 연다 / 카멜레온 효과 119

자기방어를 위한 가식적인 선행 / 고백 효과 125

자주 보면 정이 들고 호감이 간다 / 단순 접촉 효과 129

세대와 세대 사이의 벽이 생기는 이유 / 동시대 집단 효과 133

머리 숫자와 힘은 비례하지 않는다 / 링겔만 효과 137

귀가 얇으면 예방 주사가 필요하다 / 면역 효과 142

도움 요청에 대한 대중적 무관심 / 방관자 효과 146

자살의 모방과 전염이 증가하는 현상 / 베르테르 효과 151

적당한 입장 차이가 설득을 가져온다 / 상위 효과 156

근거 없고 악의적인 헛소문이 번지는 이유 / 수면자 효과 160

웃으면 즐거워지고 찡그리면 화난다 / 얼굴 피드백 효과 167

썰렁한 분위기 탈출법 / 얼음 깨기 효과 172

자라 보고 놀란 가슴 솥뚜껑 보고 놀란다 / 점화 효과 177

첫인상은 쉽게 바뀌지 않는다 / 초두 효과 182

의사소통을 왜곡하는 자기방어 / 침묵 효과 187

사람의 일부 특성을 보고 전체를 평가하는 경향 / 후광 효과 193

용의 꼬리보다 뱀의 머리가 되는 게 낫다 / 큰 물고기-작은 연못 효과 197

사회환경에 따라 지능도 빠른 속도로 변화한다 / 플린 효과 203

당근과 채찍의 강도와 일의 능률은 비례한다 / 크레스피 효과 208

남들도 내 생각과 같을 것이라고 믿는 착각 / 허구적 일치성 효과 213

백 마디 말보다 한 번의 포옹이 마음을 사로잡는다 / 안아주기 효과 219

감정은 사실이 아니다.
생각을 바꾸면 감정도 바뀐다.

데이비드 번스

친해지고 싶으면 같이 식사하라
오찬 효과 luncheon effect

'우리 언제 밥 한 번 먹어요!', '오늘 저녁식사 어떠세요?'와 같이 우리는 흔히 누군가와 가까워지고 싶을 때에 이렇게 함께 밥 먹자고 제안한다. 이성에게 호감을 사고 싶거나, 누군가와 서먹서먹한 관계를 개선하고 싶거나, 혹은 중요한 거래처를 설득해야 할 때 낯선 사람과 친밀감을 형성하기 위해 가장 쉽게 이용하는 방법 중 하나가 함께 식사하자고 제안하는 것이다. 이처럼 사람들이 음식을 대접받거나 함께 먹게 되면 상대방에 대한 거리감이 줄어들고 친밀감이 형성되거나 호감이 늘어나는 현상이 생기는데, 이를 오찬 효과 혹은 만찬 효과(luncheon effect)라고 일컫는다.

낯선 사람과 친밀감을 형성하기 위해 식사에 초대하는 일은 지구상 어디서나 가장 흔히 사용되는 방법이다. 적대감을 갖고 있던 부족들이 서로 화해를 할 때나, 공동체의 유대관계를 강화시키는 제사나 축제 행사 때에는 반드시 음식을 나눠먹는 행사가 빠지지 않고 포함된다. 친밀감을 높이는 데 먹는 것만큼 효과적인 것이 없기 때문이다. 인본주의 심리학자 아브라함 매슬로우(Abraham H. Maslow)에 의하면, 먹고 자는 것과 같은 본능적이면서 생리적인 욕구인 1차적 욕구를 함께할 수 있는 관계는 매우 가까운 관계라고 한다. 낯설었던 직장 동료나 서먹했던 친구와 함께 여행을 하면서 1차적 욕구인 식사를 함께하고 잠을 같이 자게 되면 서로가 훨씬 친밀해지게 되는 것이다.

함께 무언가를 먹거나 마시면서 이야기를 할 때 대화가 더 쉽게 풀리고 음식을 대접한 사람에게 더 쉽게 설득되는 심리 현상인 오찬 효과가 발생하는 이유는 무엇일까? 첫째는 무언가를 받으면 그만큼 베풀어야 한다는 상호성(reciprocity)의 원리, 즉 사람들은 누군가에게 호의를 받으면 어떤 식으로든 답례 차원에서 호위를 베풀려고 하기 때문이다. 둘째는 맛있는 음식으로 인한 유쾌한 감정이 함께 먹는 사람과 그 사람의 제안에까지 파급되는 연합(associa-

tion)의 원리, 즉 밥을 함께 먹
으면서 긍정적인 감정이 유
발되고 함께 식사한 사람과
긍정적인 감정이 연합되며
그 사람에 대해서도 긍정적
인 감정이 느껴지기 때문이다. 이런 연합의 원리는 맛있는 음씩뿐
만 아니라 우리를 유쾌하게 만드는 것은 무엇이건 그것과 연결된
것에 긍정적인 반응을 유발하게 한다. 실제로 맛있는 음식을 먹게
되면 섭취하게 되는 포도당, 단백질 등 영양소의 자극으로 인해
상대에 대한 긍정적인 반응이 유발하게 된다고 한다.

요즘 회사에서 브라운 백 미팅(brown bag meeting)이 점차 번지
고 있다. 이것은 간단한 식사를 곁들이면서 편하고 부담 없이 하
는 토론 모임으로, 보통 미국 마트에서 샌드위치 따위를 담아주
는 봉투가 갈색인데서 유래되었으며, 누구나 제약 없이 자유롭
게 소통과 토론할 수 있다고 해서 캐주얼 토론회라고도 불린다.
사람들이 점심때쯤 모임장소에 모여서 각자 식품매장에서 뭔가
먹을 것을 사서 봉지에 담아온 것 혹은 회사에서 준비한 도시락
을 꺼내서 우물거리고 먹으며 세미나를 하거나, 토론을 하거나,

뭔가 모여서 하는 이런 행사를 브라운 백 런치 미팅이라고 한다. 뭔가 먹으면서 회의를 하면 오찬 효과가 작용하여 경직된 분위기가 아닌 편안한 분위기에서 지위에 관계없이 자유롭게 소통과 토론을 할 수 있고, 구성원들 간의 유대관계와 팀워크를 돈독히 하는데 도움이 될 수 있다는 점에서 의의가 있다.

팍팍한 삶에서 '밥 한번 먹자'는 단절된 관계로 힘겨워하는 현대인들에게 가장 큰 위로로 다가올 수 있는 말이다. 함께 즐겁게 식사하는 모습은 그 자체가 행복감을 갖게 해주고 유대관계와 팀워크를 돈독히 해준다. 그러나 아무리 맛있는 것을 먹고 진수성찬이라 하더라고 식사 시간에 잔소리나 부정적인 평가를 들으면 밥맛이 떨어지고 비호감만 사게 된다. 따라서 한 공간에 둘러앉아 누군가와 함께 하는 식사는 단순히 생존 수단으로써 그냥 밥만 먹는 자리가 아니라 감정과 서로의 삶을 공유하고 관계를 더욱 깊게 만드는 시간이라는 점을 잊지 말자. 즐겁게 함께 밥 먹고 싶은 사람이 되어야 하고, 부담 없고 자유롭게 함께 밥 먹으며 토론 할 수 있는 조직의 문화가 되어야 한다.

작심삼일의 늪에 빠지지 않기 위한 전략
떠벌림 효과 profess effect

　우리는 매년 새해를 맞이할 때마다 체중 감량, 외국어 공부, 자격증 따기, 담배 끊기, 술 끊기, 매일 조깅하기, 악기 배우기, 저축하기 등 각자 나름의 신년 계획을 세우고 마음을 굳게 다잡는 경우가 많다. 그러나 신년 목표를 야심차게 세웠다가 실천 의지가 약해서 혹은 가로막는 어떤 장벽 요인 때문에 작심삼일의 늪에 빠지는 게 일쑤다. 작심삼일의 늪에 빠지지 않고 신년 목표를 실행하기 위한 좋은 방법 중 하나가 떠벌림 효과(profess effect)를 이용하는 것이다. 떠벌림 효과란 주변에 공개적으로 자신의 결심이나 다짐을 밝히면 실행력과 완성도가 높아지는 현상을 말한다.

예를 들어, 담배를 끊기로 결심했다고 하자. 그러면 주변 사람들에게 공개 표방을 하는 것이다. 자신이 달성하고자 하는 담배 끊기의 목표를 공개적으로 알림으로써 주변 사람들의 지원을 얻는 것이다. 또한 자신이 담배를 피우면 친구에게 얼마를 주겠다고 하는 식의 조건부 계약을 하는 것이다. 이처럼 자신이 목표로 삼은 행동을 공개적으로 표방하고 조건을 거는 계약을 하면 자신이 한 말에 더 책임을 느끼고 실없는 사람이 되지 않기 위해, 그리고 재정 손실을 막기 위해 약속을 더 잘 지키게 된다. 이런 현상을 떠벌림 효과라고 한다. 다시 말해서, 떠벌림 효과란 자신이 목표로 삼은 행동을 남들에게 공개적으로 알려 자신이 한 말에 더 책임을 느끼고 약속을 더 잘 지키게 됨과 동시에 주변 사람들의 지원을 받아 목표를 보다 수월하게 달성하게 되는 현상을 가리킨다.

실제로 떠벌림 효과는 1955년 도이치(M. Deutsch) 박사와 게라트(H. B. Gerard) 박사의 실험을 통해 검증된 심리 이론 중 하나다. 이 실험은 세 개의 집단으로 나누어 진행되었는데, A집단에게는 자신들의 의견을 아무에게 말하지 않게 하고, B집단에게는 자신의 의견을 금방 지울 수 있는 글자판에 적어 두게 하였으며, 마지막 C집단에게는 종이에 의견을 적고 서명하게 한 후 공개하도록 하였다. 그 결과 얼마 지나서 A집단은 24.7%, B집단은 16.3%, 그리고 C집단은 5.7%가 최초의 의견을 수정하였으며, 알리는 대중의 수가 많을수록 최초의 의견을 수정하는 비율이 낮은 것으로 밝혀졌다. 이것은 다른 사람들에게 자기 의견이나 생각을 말할수록 자기 의견이나 생각에 대해서 좀 더 확고한 관점을 갖게 되고 쉽게 바꾸지 않게 된다는 점을 시사하는 것이다.

이처럼 떠벌림 효과는 자신의 목표를 널리 알리면 그 사실을 알게 된 주변 사람들과의 암묵적인 약속이 이루어져 목표를 향해 나아가는 데에 도움을 주며 작심삼일의 늪에 빠지지 않게 해 주는 주요 수단이 된다고 하겠다. 주변에 자신의 계획이나 목표를 널리 알려 그 말에 책임을 느끼고 그것을 실천하고 달성하기 위해 노력하기 때문에 완성도 역시 더 높아질 수 있다. 매년 새해 아침에 선언되는 목표와 공약이 번복되지 않고 정말 이루기 위해서는 그 목표와 공약을 꽁꽁 감추기보다는 감시자가 되어 줄 가족, 친구, 직장동료 등 지인에게 당당하게 큰 소리로 떠벌림으로써 스스로에게 책임감을 더해 볼 필요가 있다. 그리고 허풍쟁이가 되지 않도록 힘껏 떠벌리는 것에 머물지 말고 자신의 말에 책임지고 노력하는 결연한 실천이 수반되어야 할 것이다.

시끄러운 곳에서 대화가 가능한 이유
칵테일 파티 효과 cocktail party effect

인간의 의식은 선택적 주의(selective attention)를 통해서 경험하는 모든 것 중에서 극히 일부분에만 초점을 맞춘다. 마치 조명등처럼 말이다. 예를 들어, 이 문장을 읽기 전까지 당신은 구두가 발을 누르고 있다거나 코가 시각의 정중앙에 위치한다는 사실을 자각하지 못했다. 이제 갑자기 주의라는 조명이 이동한다. 당신의 발이 구두에 갇혀 있다는 것을, 그리고 코가 고집스럽게 당신 앞에 있는 단어들의 지각을 방해한다는 것을 느낀다.

이러한 선택적 주의의 고전적 사례가 칵테일 파티 효과(cocktail party effect), 즉 내가 관계 있는 정보에 무의식중에 주의를 기울이

게 되는 현상이다. 칵테일 파티 효과란 파티의 참석자들이 시끄러운 주변 소음이 있는 방에 있음에도 불구하고 대화자와의 이야기를 선택적으로 집중하여 잘 받아들이는 현상에서 유래한 말로, 칵테일 파티 같은 장소에서 여러 사람이 시끄럽게 떠들고 있더라도 내가 관심 있는 이야기는 골라 들을 수 있는 능력이나 현상을 말한다. 공간에 다수의 음원이 산재하고 있더라도 특정 음원에 집중하면 그 음원은 다수의 음원에서 분리되어 들리게 된다. 이와 같이 주변 환경에 개의치 않고 자신에게 의미 있는 정보만을 선택적으로 받아들이는 것을 선택적 주의 또는 선택적 지각이라고 하는데, 이런 선택적 주의나 지각이 나타나는 심리적 현상을 가리키는 것이 칵테일 파티 효과이다. 이 효과는 연회장 효과 혹은 잔치집 효과라고도 불린다.

칵테일 파티 효과가 처음으로 명명된 것은 1953년 영국 왕립런던대학교의 인지과학자 콜린 체리(Colin Cherry)에 의해서였다. 그 용어 때문에 칵테일 파티장과 직접 관련이 있을 것 같지만 파티장

과는 거의 상관없는 곳에서 이 문제가 처음 제시되었다. 바로 1950년대에 비행관제센터에서 발생한 문제를 해결하기 위한 연구로 칵테일 파티 효과가 시작되었다. 그때는 지금과 같은 전자식 관제탑이 아니라 아날로그 방식으로 운영되었다. 이때 조종사와 관제탑 사이의 통신에 상당한 애로사항이 있었다. 당시 조종사의 메시지를 확성기를 통해 들었다고 한다. 한 명의 조종사의 메시지라면 어찌어찌 들렸으나 문제는 많은 조종사들이 한꺼번에 관제탑을 향해 소리칠 때였다. 마치 칵테일 파티장에서 발생하는 문제와 마찬가지로 여러 소리들이 섞여서 무슨 말을 하는지 들리지가 않았던 것이다. 이 문제를 연구하던 체리가 1953년에 이를 칵테일 파티 효과라고 명명한 것이 지금까지 쓰이고 있는 것이다. 이 연구를 하면서 그는 참석자들에게 스피커를 통해 동시에 서로 다른 메시지를 들려주고 이를 분리하는 실험도 했었다. 그의 연구 결과는 배경 소음으로부터 소리를 분리하는 능력은 피험자의 성별, 소리의 방향, 음의 높낮이 등의 많은 변수에 의해 영향을 받는다는 것을 보여 주었다.

인간이 자신이 원하는 음만을 골라서 들을 수 있는 것은, 온갖 잡음이 섞인 칵테일 파티에서도 자신의 이름을 부르는 소리는 똑똑하게 들을 수 있는 것과 같다고 해서 체리는 그런 능력을 칵테일 파티 효과라고 불렀다. 오늘날 칵테일 파티 효과는 칵테일 파티나 나이트 클럽처럼 시끄러운 곳에서도 대화가 가능하거나 자신이 관심을 갖는 이야기를 골라 들을 수 있는 것을 뜻한다.

 칵테일 파티 효과는 광고의 홍수 속에서 소비자의 선택적 지각을 끌어내야만 하는 광고제작자에게 매우 중요한 의미를 갖는다. 여러 실험 결과, 특정 브랜드의 제품을 좋아하거나 구입했거나 구입하려고 하는 사람들은 그 브랜드에 대해 중립적인 사람에 비해 그 브랜드 광고를 지각할 가능성이 높은 것으로 나타났다.

 종종 발생하는 아파트 층간소음 갈등의 상당 부분도 칵테일 파티 효과와 관련이 있다. 윗집은 갈등이 길어지면 아랫집이 과민반응을 한다고 의심하기 시작한다. 나름대로 소음저감 노력을 해도 항의가 계속되기 때문이다. 이때 아랫집은 실제 고통을 겪는 경우가 대부분이다. 한 번 소음을 느끼기 시작하면 그 소리에 예민해지는 칵테일 파티 효과 때문이다. 윗집에서 나는 특정 소음에 오래 스트레스를 받으면 그 소리가 유독 크게 들리는 것이다. 의사가 일반인보다 청진기를 통해 나는 소리를 잘 듣는 것도 이 효과에 따른 것이다. 이런 선택적 지각의 문제는 대인관계에서도 심각한 문제를 낳을 수 있다. 선택적 지각으로 인해 열등감이 많은 사람은 타인의 무심한 행동도 자신을 무시했다고 곡해하는 경향이 있기 때문이다.

칵테일 파티 효과의 인터넷 버전이라 할 수 있는 인터넷 칵테일 효과(internet cocktail effect)도 같은 맥락에서 볼 수 있다. 인터넷 칵테일 효과는 인터넷 서핑 중에 필요하지 않는 정보는 사용자가 의도적으로 감각기관을 차단해 듣거나 보거나 하는 것을 회피하는 것을 말한다. 칵테일 파티처럼 시끄러운 곳에서도 듣고 싶은 소리만 들을 수 있는 능력은 인간의 축복으로 여길 수 있겠지만, 정보 편식을 조장하는 인터넷 칵테일 효과는 사회적 소통을 어렵게 만든다는 점에서 결코 반길 만한 일은 아닌 것 같다.

불황기의 소소하지만 확실한 만족감
립스틱 효과 lipstick effect

   불황에는 상대적으로 소비 심리가 위축되게 마련이다. 하지만 경제가 어려울 때 립스틱과 같은 소비가 많아지는 저가 제품이 있다. 경기 불황일 때 저가임에도 소비자를 만족시켜 줄 수 있는 상품이 잘 판매되는 현상을 립스틱 효과(lipstick effect)라고 한다. 이것은 대공항기인 1930년대 미국 경제학자들이 만든 용어로, 소비경기가 좋지 않은 상황에서 립스틱 같은 저가 미용품 매출은 오히려 증가하는 현상을 의미한다. 특히 여성 소비자의 어려운 경제 여건을 나타내는 것으로, 경기 불황기에 돈을 최대한 아끼면서도 품위를 유지하려는 태도를 의미한다. 즉, 립스틱 효과는 경제적으로 어려운 시기일수록 사람들은 가장 저렴한 비용으로 품위를 유지하고 사치심을 충족할 수 있는 수단을 찾는다는 심리에서 비롯된 것이다.

 '불황일수록 여성들의 빨간 립스틱은 잘 팔린다.'는 속설도 있는데, 이는 화장품 지출을 줄이려는 여성이 빨간색 계통의 립스틱만으로도 화사한 얼굴을 연출할 수 있어서 빨간색 립스틱을 선택한다는 해석이다. 립스틱은 여성들의 메이크업 제품 중 가장 화려한 색을 가지고 있고, 립스틱민 빌라도 분위기를 바꿀 수 있는 효과가 있다. 즉, 돈을 최대한 아끼면서도 품위를 유지하려는 소비자들의 심리가 반영된 것이다. 립스틱 효과와 비슷한 용어로 미니스커트 효과(miniskirt effect)도 있다. '불황일수록 여성의 치마 길이가 짧아진다.'는 속설에서 생긴 용어로, 원단이 적게 들어서 가격이 상대적으로 저렴할 것이라는 심리 효과가 작용하여 불황기에 주머니가 가벼워진 여성들이 선호하게 된다는 해석이다. 미니스커트는 돈을 아끼면서도 사람들의 이목을 끌 수 있고 무거운 사회적 분위기를 환기시키는 효과가 있다.

  립스틱이 여성의 기호품이라면, 남성의 기호품은 넥타이이다. 매일 다른 디자인으로 여러 벌의 양복을 입은 것 같은 효과를 내는 넥타이가 불황에 잘 팔린다는 것이다. 여성의 경우 불황이라 명품 가방은 못 사도 립스틱 정도는 사야겠다는 생각이 들고, 남성의 경우 비싼 차는 못 사도 넥타이 정도는 사야 한다는 심리에서 이런 소비 패턴이 생겨난 것이다. 그래서 립스틱 효과를 넥타이 효과(necktie effect)라고도 한다. 최근에는 립스틱 효과를 넘어 여름에만 반짝 팔리는 상품으로 인식되었던 네일 제품의 판매량이 증가하면서 이른바 매니큐어 효과(manicure effect)라고 해서, 립스틱 효과 기능을 매니큐어가 대체하고 있는 추세다. 매니큐어가 립스틱에 비해 상대적으로 저렴하면서도 심리적 만족감을 극대화할 수 있기 때문이다.

  이처럼 립스틱 효과는 경제 불황기의 어려워진 주머니 상태에서 벗어나고자 하는 인간의 심리를 부분적으로 표현한 것이라고 할 수 있다. 경제가 어려우면 자연스레 소비자들의 소비 심리도 위축된다. 하지만 그렇다고 해서 소비 욕구까지 줄어드는 것은 아니기 때문에 미래에 대한 확신이 적은 불황기에는 값비싼 화장품을 사지는 못할지언정 비교적 저렴한 립스틱과 같은 상품을 구매함으로써 심리적인 만족을 채우려고 하는 것은 어찌 보면 당연한 현상이고 결과인지 모른다. 어차피 대면해야 할 상황이라면 불황의 터널을 지날 동안 립스틱이 소비자들의 좋은 친구가 되어 주기를 바라야겠지만, 앞으로는 경제 호황과 더불어 립스틱 효과가 아닌 알뜰한 소비 습관인 스마트 월렛 효과(smart wallet effect, 스마트 월렛은 지갑 없이 스마트폰만으로 다양한 멤버십과 카드 혜택을 누릴 수 있고, 각종 할인 쿠폰이나 상품권 등이 스마트폰에 들어 있어서 스마트폰만 가지고 있으면 가맹점에서 포인트와 쿠폰을 사용할 수 있게 해 주는 모바일 멤버십 서비스임)가 탄생하고 자기 치유를 위한 소비가 늘어나기를 기대해 본다.

대세와 유행에 편승하다
밴드왜건 효과 bandwagon effect

'친구 따라 강남 간다.'는 속담이 있다. 자신은 별로 하고 싶지 않은 일을 남이 하는 대로 덩달아 하게 됨을 비유적으로 표현한 말이다. 무리에서 혼자 뒤처지거나 동떨어지지 않기 위해 다른 이들을 따라 하는 모습을 연상해 보면 쉽게 이해가 된다. 이와 관련된 심리 현상이 뚜렷한 주관 없이 다른 사람들의 선택을 따라하는 밴드왜건 효과(bandwagon effect, 우리말로는 악대차 효과, 편승 효과, 시류 효과, 쏠림 효과, 유행 효과라고도 함)이다. 밴드왜건은 서커스나 퍼레이드에서 펼쳐지는 행렬의 가장 앞에서 밴드를 태우고 행렬을 이끌며 분위기와 흥을 돋우는 역할을 하는 마차나 자동차를 가리키며,

미국 서부 개척 시대의 역마차 밴드왜건이 금광 발견 소문이 나면 요란한 음악을 연주해 사람들을 이끌고 갔다는 것에서 유래한 것이다.

1848년 미국 대통령 후보로 출마했던 재커리 테일러(Zachary Taylor)의 선거운동의 열성 지지자들 가운데 댄 라이스(Dan Rice)라는 유명한 서커스 광대가 사람들의 관심을 끌기 위해 행렬의 선두에 선 악대차를 뜻하는 밴드왜건을 사용하면서 정치적인 용어로 쓰이기 시작했다. 라이스는 테일러를 밴드왜건에 초대해 같이 선거 유세를 했다. 악대차는 군중이 별생각 없이 덩달아 뒤를 졸졸 따르게 하는 데엔 최고의 효과를 발휘했다. 테일러는 대선에 승리해 미국 제12대 대통령이 되었는데, 악대차 효과 덕분이라는 소문이 나면서 이후 정치인들이 앞다투어 악대차를 동원한 선거 유세를 펼치기 시작했다. 말이 끄는 밴드왜건은 1920년대에 사라졌지만, 오늘날 '시류에 영합하다', '편승하다', '승산이 있을 것 같은 후보를 지지하다'는 뜻을 갖게 되었다.

오늘날 정치학에서는 밴드왜건 효과를 선거운동이나 여론조사 등에서 우위를 점한 후보 쪽으로 유권자들이 쏠리는 현상이라고 말한다. 즉, 선거에 무관심했거나 지지하는 후보가 없던 유권자들이 뚜렷한 주간 없이 대세에 편승하게 되는 현상을 밴드왜건 효과라고 부른다. 이처럼 정치학에서는 밴드왜건 효과를 많은 사람들의 선택에 편승해서 투표를 하는 현상을 가리킨다. 그래서 정치 분야에서는 흔히 세몰이를 하게 된다.

그러나 밴드왜건 효과라는 말은 정치학보다는 경제학의 소비자 연구 분야에서 먼저 쓰였다. 미국의 경제학자 하비 레이번스타인(Harvey Leibenstein)은 1950년 발표한 특정 개인의 재화 수요가 다른 개인의 수요에 영향을 주는 현상인 네트워크 효과(network effect)의 일종으로 밴드왜건 효과라는 개념을 소개했다. 어떤 재화나 상품에 대해 사람들의 수요가 많아지기 시작하면, 이런 경향을 쫓아가는 새로운 소비자들이 나타나 수요의 증가를 가져오는 현상을 말한다. 예를 들면, 휴대전화의 가입자 수가 증가하면 증가할수록 자신의 서비스 가입 효용도 증가하는 것을 의미한다. 그래서 경제학에서는 밴드왜건 효과를 유행에 따라 상품을 구입하고 소비하는 현상을 가리킨다.

이러한 밴드왜건 효과는 유행을 따르거나, 많은 사람의 선택에 이유가 있을 것이라 믿는 사회적 동조 때문에, 그리고 다수에 속함으로써 안정감을 느끼고 싶고 주위 사람들과의 관계에서 배제

되지 않기를 원하는 사람들의
심리에서 유발되는 현상이라
고 할 수 있다. 비지니스에서
는 소비자의 충동구매를 부추
기는 마케팅 전략으로 밴드왜
건 효과를 활용하고 있다. 가장 대표적인 것이 바로 '이번 시즌 마지막 세일', '매진 임박', '오늘 방송만을 위한 한정 판매', '주문량 폭주' 등 소비자를 현혹시키는 문구와 말을 자주 보고 들을 수 있는 홈쇼핑 마케팅이다. 대부분의 온라인 쇼핑몰이 메인 페이지에 베스트 상품 섹션을 배치하고 상단의 롤링 대버너에 인기상품 기획전을 노출하는 것도 밴드왜건 효과를 활용한 전략이다. 소비자들은 이런 섹션과 카데고리를 통해 다른 사람들의 취향과 자신의 취향을 비교하고 제안한 상품이 자신의 취향과 맞지 않을 때 주저하지 않고 상품을 구매하게 된다.

베스트셀러에서부터 소문난 맛집에 이르기까지 사람들이 찾아 몰려드는 현상이나, 선거를 앞두고 사전 여론 조사나 유세 운동 등을 벌였을 때 특정 정당 및 후보가 절대적인 우위를 차지하면 '저 정당 / 후보가 우세할 것이다.'라는 생각을 하는 유권자들에 의해 지지율이 쏠리는 현상이나, 학자들이 다른 학자들이 어떤 분야의 연구에 매달리는 것을 보고 맹목적으로 휩쓸려 자신도 그 분야의 연구에 매달리는 현상이나, 영화에서 사람들이 미소를 짓는 장면이 나오면 재미가 있든 없든 따라 미소를 짓는 현상이나, 필요하다 싶어 구매하려던 물건도 이전 구매자의 평가가 나쁘면 구매를 주저하는 현상은 모두가 밴드왜건 효과에 해당하는 것이다.

이처럼 타인의 말이나 행동에 쉽게 영향을 받는 대중의 일상적 삶과 관련된 밴드왜건 효과를 '들쥐 떼'와 같다고 비판하기도 한다. 그래서 밴드왜건 효과를 레밍 증후군(lemming syndrome)이라고도 한다. 레밍 증후군이란 아무 생각 없이 무리를 따라 집단행동을 하는 것을 의미한다. 레밍은 스칸디나비아 반도 지역에 살고 있는 들쥐의 일종이다. 몇 년마다 크게 증식하며 개체 수가 늘면 다른 땅을 찾아서 이동한다. 이동시 직선으로 우두머리만 보고 따라가기 때문에 호수나 바다에 빠져 죽기도 한다. 이처럼 레밍 증후군은 맹목적인 집단행동을 부정적으로 말할 때 종종 빗대어 인용된다. 그래서 밴드왜건 효과를 무리 효과(herd effect)와 비슷한 말로 쓰이기도 한다.

밴드왜건 효과는 마케팅 전략으로 자주 쓰이는 방법이긴 하지만, 고전적인 방법인 만큼 반발도 만만치 않게 생겨난다. 즉, 어떤 물품이 유행하면 오히려 구매를 꺼리는 것인데, 밴드왜건 효과와 정반대의 현상을 나타내는 스놉 효과(snob effect, 우리말로는 속물 효과라고 함)가 바로 그것이다. 다른 사람들이 소비하면 오히려 그 재화나 상품을 소비하지 않고 차별화를 시도하는 소비 현상을 가리키는 말이다.

뭔가를 주변 사람들이 믿거나 하기 때문에 그것을 믿고 따라 하고, 남들이 하니까 좋다고 하니까 얼결에 덩달아 하는 행위는 우르르 몰려다니는 들쥐 떼와 다름없다. 무작정 친구 따라 강남 갔다가 낭패를 보지 않으려면 다른 사람들의 의견을 지나치게 믿고 따르지 않으면서 필요하고 유용한 정보를 최대한 많이 수집하여 이것저것 가늠해 보아야 한다. 뚜렷한 주관 없이 다른 사람들의 선택을 따라하는 밴드왜건 효과는 때로는 끔찍한 파국의 길로 이끌고, 잡단몰락을 초래할 수 있다는 점을 잊지 말아야 한다.

부정적 경험의 음식은 꼴도 보기 싫다
가르시아 효과 Garcia effect

 사람은 누구나 특별히 좋아하고 즐겨먹는 음식이 있는가 하면, 싫어하고 피하고 싶은 음식이 있다. 평소 계속 먹고 싶은 음식이 있는가 하면, 유독 잘 먹지 못하는 음식도 있다. 빵을 먹고 배탈이 나면 그 후에 빵을 먹거나 빵집에 가는 것을 두려워하게 된 것처럼 싫어하거나 안 먹는 음식이 어떤 부정적인 경험 때문에 생긴 적이 없는가? 그렇다면 그것은 가르시아 효과(Garcia effect) 때문이다.

 가르시아 효과란 어떤 음식을 먹은 후 구토나 복통, 메스꺼움, 불편함 등과 같은 부정적인 경험을 하면 그 이후부터 그 음식을 다시 먹지 않거나 그 음식에 대한 식욕을 전혀 느끼지 않게 되는 현상을 말한다. 이는 이반 파블로프(Ivan Pavlov)의 고전적 조건형성의 하나로 인간을 포함한 대부분의 동물이 가진 생존 본능 능력이라 할 수 있다. 즉, 이와 같은 현상은 구토나 복통과 같은 불쾌한 경험을 통해 자신에게 위험한 음식을 인지하고 이를 피할 수 있게 되는 것이다.

파블로프의 고전적 조건형성에는 두 자극을 연합하여 미래 사건을 예측하는 것을 학습한다. 자극이란 반응을 유발하는 사건이나 상황을 일컫는다. 우리는 번개가 다가올 천둥을 신호한다는 사실을 학습함으로써 번개가 칠 때 긴장하기 시작한다. 둘 이상의 자극을 연결 짓고 사건의 예측을 학습하는 것, 즉 반복적 학습으로 특정한 반응을 유발하는 과정이 고전적 조건형성이다. 이러한 고전적 조건형성은 여러 번 반복해야 조건 간 연관성이 형성되지만, 가르시아 효과는 한 번의 경험으로도 특정 음식이나 맛에 대해 혐오감을 가질 수 있다. 딱 한번만 먹고 배탈이 나도 순식간에 그 음식이 꼴 보기 싫어지는 것이다. 그래서 가르시아 효과를 다른 말로 미각혐오학습(taste aversion learning)이라고도 한다.

가르시아 효과는 1955년 미국의 심리학자 존 가르시아(John Gar-

J. Garcia(1917~2012)

cia)가 쥐를 대상으로 진행한 실험에서 유래하였다. 먼저 쥐에게 사카린이 들어 있는 물을 먹게 한 후, 좀 시간이 흐른 뒤에 감마선을 쬐어 구토를 유발했다. 감마선은 방사능 물질이 붕괴하면서 생기는 방사선 중의 하나로 투과력이 강하고 외부에서 피폭되어도 동물 내부의 장기에 손상을 주게 된다. 감마선에 노출된 쥐는 구역질을 했으며, 그 이후로 다시 쥐에게 사카린이 들어 있는 물을 주었더니 마시지 않았다. 이는 쥐가 느끼기에 자신의 구토가 사카린이 들어있는 물 때문이라고 생각해 다시는 사카린이 들어 있는 물을 마시는 것을 기피한 것이다. 다시 말해서, 쥐는 경험을 통해 자신에게 유익한 음식이 무엇이고 해로운 음식이 무엇인지 학습하게 된 것이다. 특히, 쥐들은 한 번의 경험으로도 사카린이 든 물을 기피하게 되었다.

이러한 가르시아 효과는 생존을 위해 필요한 현상 중 하나로, 인간이나 동물은 자신에게 위험하거나 나쁜 영향을 주는 음식물을 본능적으로 피할 수 있고 생존에 필요한 대처 능력을 학습하게 된다. 음식을 섭취한 지 시간이 오래 지나도 복통과 구토, 메스꺼움

증상이 유발되면 다른 어떤 요인이 있을지라도 그 음식에 대한 혐오감이 심리적으로 발생하게 된다. 단 한 번의 이런 부정적인 경험만으로도 그 음식을 싫어하게 되고 그 기억이 장기간 유지되며 평생 해당 음식을 먹지 않을 수도 있다. 자주 먹었던 음식보다는 처음 접해 본 음식일수록 가르시아 효과는 높아진다. 어렸을 때 처음 접한 음식에서 고통스러운 경험을 하게 되면, 그 음식에 대한 거부감이 성인이 되어서도 계속 유지되는 이유가 바로 그 때문이다.

가르시아 효과는 경험의 트라우마(trauma)로 다시는 그 행동을 하지 않는다는 심리적인 특성을 이용해 인터넷 중독을 비롯한 각종 중독을 개선하기 위해 심리상담에서 활용되고 있다. 이는 반복적으로 학습을 시켜서 무언가를 떠올렸을 때 특정한 부정적인 반응을 자신도 모르게 나와 트라우마를 만드는 것으로, 고전적 조건형성 중에서 혐오학습의 한 종류이다. 이러한 고전적 조건형성의 원리를 이용하여 상상으로 자신이 중독되어 있는 것을 떠올리고 또한 가장 혐오하는 것을 떠올려서 그 둘을 하나로 합치게 만들어, 이후에 중독이 된 것을 떠올리면 혐오스러운 기억도 동시에 떠오르게 되면서 중독된 것을 자연스럽게 멀리하게 되는 것이다.

이처럼 가르시아 효과는 단지 음식에서 뿐만 아니라 우리의 일상생활에서도 나타날 수 있다. 어떤 특정한 경험에서 고통이나 불쾌 등의 부정적인 상황을 겪었을 때 그 상황에 대한 인식이 부정적으로 변할 수 있다.

긍정의 기대 심리는 개천에서 용이 나게 한다
피그말리온 효과 Pygmalion effect

　1968년 미국 하버드대학교 사회심리학과 교수인 로버트 로젠탈(Robert Rosenthal)과 20년 이상 초등학교 교장을 지낸 레노어 제이콥슨(Leonore F. Jacobson)은 샌프란시스코의 한 초등학교에서 전교생을 대상으로 지능검사를 실시한 후, 검사 결과와 상관없이 무작위로 한 반에서 20% 정도의 학생을 뽑았다. 그 학생들의 명단을 교사에게 주면서 '지적 능력이나 학업성취의 향상 가능성이 높다고 객관적으로 판명된 학생들'이라는 거짓 정보를 함께 흘렸다. 8개월이 지난 후 이전에 실시한 지능검사를 다시 실시했는데, 그 결과 명단에 속한 학생들이 다른 학생들보다 예전에 비하여 평

균 점수가 높게 나왔을 뿐만 아니라 학업성적이 큰 폭으로 향상되었다.

이것은 명단을 받아 든 교사가 이 학생들의 지적 발달과 학업성적이 향상될 것이라는 기대를 갖고 정성껏 돌보고 격려한 결과로 나타난 것이다. 이 학생들은 교사가 자신에게 높은 기대와 관심을 보여주니까 공부하는 태도가 바뀌고 공부에 대한 관심과 의욕이 높아져 결국 능력까지 변하게 된 것이다. 로젠탈과 제이콥슨은 누군가에 대한 사람들의 믿음과 기대 혹은 예상이 그 대상에게 그대로 실현되는 경향을 피그말리온 효과(Pygmalion effect)라고 불렀다. 피그말리온은 그리스 신화에 나오는 주인공의 이름이며, 그 신화의 내용은 다음과 같다.

피그말리온은 여성에게서 너무나 많은 결점을 보았기 때문에 결국 여성을 혐오하게 되고 평생 독신으로 지내기로 한 뛰어난 조각가였다. 한 번은 상아로 여자를 조각하게 되었는데, 그 작품의 아름다움은 살아 있는 다른 여자와는 비교할 수 없을 정도로 뛰어났다. 그는 스스로 자신의 작품에 매료되어 조각 여인상과 사랑에 빠졌다. 가끔씩 살아 있는지 아닌지를 확인하기 위해 손도 대보고 여성들이 좋아하는 것을 선물로 주고 안아 보기도 하였다. 그는 조각상에 옷을 입히고 손가락에 보석 반지를 끼우고 가슴에는 진주목걸이를 달아 주었다. 심지어는 보드라운 소파에 눕히고 보들보들한 깃털을 넣어 만든 베개를 받쳐 주고 '여보'라고 부르기도 했다. 아프로디테(Aphrodite) 제전이 가까워 이 제전에서 자기의 임무를 끝낸 피그말리온은 제단 앞에서 "신이시여! 원컨대 저에게 제가 만든 상아 처녀와 같은 아름다운 여인을 아내로 점지하여 주옵소서."라고 간절히 기도를 했다. 미와 사랑의 여신인 아프로디테는 그 소원을 들어주겠다는 표시로 제단에 타오르는 불꽃을 세차게 공중에 세 번 오르게 했다. 집으로 돌아온 피그말리온은 소파에 누인 조각을 보았다. 생기가 도는 것 같았다. 손이 부드럽게 느껴졌다. 피부를 누르면 들어가고 손을 떼면 다시 원상태로 돌아왔다. 자기의 입술을 처녀의 입술에 갖다 대자 그 처녀는 수줍은 듯 얼굴을 붉혔다. 마침내 상아 처녀는 피그말리온의 아내로 살아남게 되었다. 마침내 원하는 대로 이루어진 것이다.

이러한 현상은 남이 나를 존중해 주고 기대하는 것이 있으면, 인간은 그런 쪽으로 변하려고 노력하게 된다는 것을 표현한 것이다.

아프로디테가 조각가의 사랑에 감동하여 조각 여인상에게 생명을 불어넣어 주었다. 이처럼 타인의 기대나 관심으로 인해 능률이 오르거나 결과가 좋아지는 현상을 말한다. 심리학에서는 타인이 나를 존중하고 나의 가능성을 발견하고 잘 할 것이라고 기대하면 그 기대에 부응하기 위해 노력하게 되는 것을 피그말리온 효과라고 하며, 반대로 타인에게 무시당하고 부정적인 낙인을 찍히게 되면 자신도 모르게 나쁜 쪽으로 변해 가는 것을 낙인 효과(stigma effect)라고 한다.

교육학에서는 피그말리온 효과를 자기충족적 예언(self-fulfilling prophecy)이라 부른다. 이것은 어떤 행동이나 학습을 함에 있어 학생이 보이는 학습 수준은 주변에서, 특히 교사나 부모 혹은 또래 친구와 같은 중요한 타인들이 가지는 기대수준에 부합되게 일어나는 현상을 말한다. 피그말리온 효과와 반대되는 현상으로 골렘 효과(golem effect, 유대인 신화 속의 랍비 로위가 만들었다는 골렘은 원래 유대인들을 보호하기 위해 창조되었으나 점차 흉포한 성향으로 변해 가며 모든 것을 파괴하기에 이르렀고 여기서 유래된 것이 골렘 효과임)란 것이 있다. 이는 교사가 학생에 대해 부정적인 기대를 갖고 있을 경우 학습자의 성적이 떨어지는 현상을 말한다. 즉, 특정 학생에 대한 교사의 기대 수준이 낮으면 그 학생은 그 기대에 부응하기 위해 노력을 하지 않으므로 성취도가 낮아진다는 것으로, 자기충족적 예언의 한 종류로 분류된다.

  요컨대, 사람들이 상대방에 대해 어떤 기대와 신념을 가지느냐에 따라 상대방의 성취 행동이 달라진다는 것을 뜻하는 피그말리온 효과는 인간에 대한 기본적인 신뢰와 그의 능력에 대한 가능성을 기대하지 않고서는 좋은 결과를 얻기 어렵다는 것을 시사하고 있다. 비록 어떤 사람이 잘못을 하더라도 본래 그런 나쁜 사람이라고 단정하거나 낙인찍지 말고, 앞으로 잘할 수 있을 것이라고 긍정적인 기대와 시선으로 대해 주자. 그러면 그의 행동은 점차 달라질 것이다.

점괘가 맞는 것처럼 들리는 이유
바넘 효과 Barnum effect

누군가의 성격에 대한 다음 보고서를 읽어 보자.

당신은 장점도 있고 약점도 있지만 대부분의 경우 스스로가 그런 장점이 있다고 믿지 않습니다. 당신은 변화할 수 있는 내적 잠재력을 갖고 있지만, 자신에게 맞는 것을 선택하려면 자기의 감정에 더 많은 주의를 기울일 필요가 있습니다. 당신은 자신의 내적 충동이 사회적 기준과 도덕적 규약 때문에 갈등을 경험할 때가 많습니다. 대부분의 경우 스스로 납득할 수 있는 방식으로 갈등을 해결하지만, 때로는 의문이 생기고 과연 옳은 일을 했는지 궁금해 하기도 합니다. 두 가지 일을 동시에 하고 싶을 때가 종종 있지만 그렇게 할 수 없어서 속이 상할 때도 간혹 있습니다. 당신만 아는 내면의 자기가 있지만 자신의 진짜 생각이나 느낌과 다른 얼굴을 세상에 보여줄 때가 더러 있습니다. 그리고 간혹 자신이 행한 일, 선택한 길을 되돌아보면서 이 모든 게 과연 가치가 있는지 회의감이 들기도 합니다.

혹시 위의 성격보고서를 읽으면서 바로 자기 자신이라고 생각하지 않았는가? 적어도 자기 자신의 성격과 상당히 비슷하다고 생각했을 것이다. 이러한 보편적인(그러나 가짜의) 성격 보고서를 믿는 경향을 "매 순간마다 바보 혹은 멍청이가 생긴다."고 말한 서커스 사업가로 유명한 피니어스 바넘(Phineas T. Barnum)의 이름을 따서 바넘 효과(Barunm effect)라고 한다. 바넘은 서커스에서 관람객들의 성격을 알아맞히는 마술로 유명인사가 되었다. 그가 속임수를 쓴다고 생각하는 사람들은 자원해서 무대로 올라갔으며, 바넘은 조금도 주눅이 들거나 당황하지 않고 바로 그 사람의 성격을 정확하게 맞췄다. 그의 놀라운 능력은 미국 전역에서 회자되면서 많은 사람들과 돈을 끌어 모았다. 여전히 그가

P. T. Barnum(1810~1891)

속임수를 쓰는 것이라고 생각하는 사람들이 많았지만, 그 속임수가 무엇인지 알아내는 데에는 실패했다.

1세기가 지난 후 바넘의 놀라운 능력의 비밀을 밝힌 사람은 심리학자 버트럼 포러(Bertram R. Forer)였다. 그는 학생들에게 자신이 제작한 것이라면서 새로운 성격 검사를 실시하였고, 일주일 후에 포러는 학생들의 이름이 적힌 검사 결과지를 모두에게 나눠주었다. 결과지에는 개인의 성격이 묘사되어 있었고, 학생들은 검사 결과가 자신의 실제 성격과 매우 일치한다고 판단하였다. 그렇지만 여기에는 중요한 함정이 있었다. 학생들이 받은 결과 내용은 모두 동일한 것이었다. 그럼에도 학생들은 모두 자신의 성격을 잘 묘사하고 있다고 판단한 것이다. 그 이유가 무엇인지 포러가 학생들에게 나눠주었던 다음과 같은 성격 묘사 결과지를 보면 알 수 있다.

당신은 사람들이 당신을 좋아하거나 존경하면 좋겠다고 생각한다. 당신은 자신에게 비판적인 경향이 있으며 장점으로 살리지 못한 능력을 갖고 있다. 당신은 비록 약점을 갖고 있지만 그에 대한 대응책도 갖고 있다. 당신은 겉으로 보기에는 스스로를 잘 통제하는 것 같지만, 사실은 그렇지가 못하다. 때때로 당신은 옳은 결정을 했는지에 대해 심각하게 고민을 하곤 한다. 당신은 변화와 다양성을 선호하지만 한계에 부딪히게 되면 이에 만족하지 못한다.

당신은 자신이 독립적으로 사고하는 사람이라고 여기기 때문에 확실한 증거가 없이는 다른 사람들의 말을 수용하지 않는다. 당신은 다른 사람들에게 자신을 있는 그대로 모두 드러내는 것은 현명하지 못하다고 생각한다. 당신은 외향적이고 남과 잘 어울리며 사교적인 편이지만, 때로는 내향적이고 사람을 경계하며 위축되기도 한다. 당신의 소원들 가운데 어떤 것은 매우 비현실적인 것이다. 안전은 당신의 인생에서 주요한 목표 중 하나다.

이렇게 애매하고 일반적인 표현들은 이 세상 어느 누구에게도 해당될 만한 것들이다. 사람들은 애매하고 일반적인 상황을 자신의 입장에 맞게 생각하기 때문에 바넘이 사람들의 성격을 잘 맞춘 것도 결국 이런 식으로 성격을 묘사했기 때문이다. 바넘 효과는 포러가 밝혀냈다고 해서 포러 효과(Forer effect)라고 불리기도 한다. 바넘 효과는 또한 우물 효과라고도 하는데, 이는 우물의 깊이가

깊을수록, 곧 어떤 말이 애매하면 애매할수록 듣는 사람에게 더욱 설득력이 강해지거나 그것을 듣는 사람이 이말 가운데서 자기 자신의 모습을 더 많이 발견하게 되는 현상을 말한다. 미신이나 점괘를 잘 믿는 것이 바로 우물 효과의 대표적인 예라 할 수 있다. 우물 효과가 사람들이 보편적으로 가지고 있는 성향을 자신만의 특성으로 여기는 심리적 경향이라는 점에서 바넘 효과와 같은 개념이다.

이처럼 성격에 대해 지나치게 애매하고 일반화된 진술을 자신의 성격에 대한 독특하고 의미 있는 특징을 기술하는 것으로 기꺼이 받아들이는 경향을 바넘 효과라고 한다. 예를 들어, "당신은 변화와 다양함을 좋아하고 당신의 결정에 항상 의문을 가진다."라는 성격에 대한 해석과 평가는 다른 사람들에게도 포함되는 보편적인 성격이다. 우리 인간은 대다수 공통적으로 지니고 있는 성격 특성이 있어서 우리에 대한 점쟁이의 점괘가 맞는 것처럼 들리는 것이다. 이런 면에서 보면 혈액형에 따른 성격 유형이나 역술과 점술, 타로점 모두 바넘 효과일 수 있다.

일반화된 성격 보고서를 믿는 경향성 때문에 옛날부터 협잡꾼이나 엉터리 사기꾼의 속임수에 쉽게 넘어가게 된다. 과학적 근거가 없음에도 불구하고 사람의 성격이 그 사람의 출생 별자리와 관련이 있다는 생각에 기반을 둔 점성술이 여전히 판치고 있다. 심령술사가 보여주는 마술이 쓰레기 더미에 불과할지라도 어떤 판단과 결정을 할 때 객관적인 증거나 통계적 확률과 같은 과학적 정보보다는 삶에서 마술을 필요로 하고 이야기나 믿음의 비약이 더 편안한 사람들이 많다. 멍청이가 되는 주요한 특징은 어리석음이고 자세한 탐색 없이 어떤 것을 받아들이는 것이다. 바넘 효과에 넘어가지 말아야 한다.

하지 말라고 하면 더 하고 싶다
로미오와 줄리엣 효과 Romeo and Juliet effect

 청춘 남녀 간의 사랑은 참으로 아름답고 소중한 인간관계의 체험이다. 이성에게 서로 반하여 뜨겁고 강렬한 사랑의 불꽃을 태우기도 한다. 이성과의 사랑이 결혼이라는 사랑의 결실로 이루어지기도 하지만, 언제나 행복한 결말을 맺는 것만은 아니다. 흔히 사랑은 불과 같이 시작하고 영원히 함께하자고 약속하지만, 여러 가지 이유로 행복한 결말을 맺지 못하고 헤어지는 경우가 많다. 이렇게 못다 이룬 사랑은 아픈 상처를 남기기 쉽다. 사랑의 상실이고 해체이며 종말인 실연의 고통은 매우 쓰라리고 실연의 상처는 쉽게 아물지 않는다.

실연에는 일방적인 실연, 합의된 실연, 강요된 실연의 세 가지 유형이 있다. 일방적인 실연은 두 사람이 사랑하다가 한 사람의 일방적인 요구에 의해서 그 관계가 파기되는 경우로, 실연을 당한 사람은 많은 심리적 고통과 충격을 받게 되고, 사랑의 상실과 자존심의 손상으로 인해 우울감을 경험
하기도 하며, 자신을 거부한 상대방에 대한 분노와 적개심 혹은 배신감이나 복수심이 생겨나기도 한다. 합의된 실연은 사랑을 나누는 과정에서 서로에 대한 불만과 갈등이 생겨나고 갈등을 경험하는 과정에서 서로에 대한 매력과 사랑이 사라져 사랑의 관계를 종식시키기로 서로 합의하고 헤어지는 경우로, 실연한 두 사람은 사랑이 식은 상태에서 불만스런 상대방과의 이별이기 때문에 심리적 고통과 충격이 상대적으로 적으며, 간혹 미련과 아쉬움 혹은 후회의 감정이 수반되기도 한다. 그리고 강요된 사랑은 당사자의 의사와 상관없이 부모의 반대, 유학이나 이민과 같은 한 사람의 지리적 이동, 혹은 한 사람의 죽음 등과 같은 외부적 요인이 두 사람을 갈라놓아 사랑의 관계가 지속되지 못하고 중단되는 경우로, 이루지 못한 사랑에 대한 안타까움과 아쉬움, 보고픔과 그리움의 감정이 뒤섞인 슬픔의 감정이 수반되기 쉽다.

흔히 부모나 주변 사람들이 반대를 하여 강요된 실연에 처하게 될 경우, 그동안 만남을 위해 많은 시간을 투여하고 변함없는 심리적인 관심과 애정을 보여주며 때로는 물질적으로도 투자해 주었던 상대방에 대한 사랑의 감정이 더욱 강해지는 현상이 나타나는데, 이를 로미오와 줄리엣 효과(Romeo and Juliet effect)라고 한다. 이는 서로 원수인 가문에서 태어난 로미오와 줄리엣이 사랑을 하게 되고 그들의 비극적인 죽음이 가문을 화해하게 만드는 이야기인 윌리엄 셰익스피어(William Shakespeare)의 초기 희곡에서 가져온 것으로, 로미오와 줄리엣의 경우처럼 양가 부모들이 반대를 하거나 그들의 사랑을 방해하는 연적이 나타났을 때 더 정열적인 사랑을 하게 되고 애정이 깊어지는 것을 일컫는 말이다. 이러한 로미오와 줄리엣 효과가 나타나는 것은 사람이나 상황에 대한 반발 심리와 인지부조화 때문이다. 누구나 통제를 받지 않는 독립적인 자아를 갈망하기 마련이다. 만약 누군가가 자기 대신 선택을 하고 강요를 할 경우, 자아는 위협을 느끼게 되고 심리적인 저항을 하게 되며 강제적으로 빼앗기는 것에 대해 더욱 애착을 갖게 된다.

심리학자들은 실험을 통해 부모의 반대가 강하면 강할수록 남녀의 사랑이 깊어진다는 것을 발견하였다. 이러한 연구 결과는 '하라고 하면 하기 싫어하고, 하지 말라고 하면 더욱더 하고 싶은' 청개구리와 같은 인간의 심리를 뒷받침하는 것이다. 이성과의 관계뿐만 아니라 모든 인간관계에서도 로미오와 줄리엣 효과는 일어난다. 공부를 소홀히 하는 자녀에게 "이 녀석아 공부 좀 해라."고 강압적으로 지시하면, 자녀와 부모 사이에는 로미오와 줄리엣 효과가 발생할 수 있다. 자녀는 오히려 청개구리와 같이 부모의 잔소리로 여기고 공부와 담을 쌓기도 한다. 광고나 마케팅에서도 청개구리와 같이 '하지 말라고 하면 더 하고 싶은' 인간의 심리를 이용한 로미오와 줄리엣 효과를 전략적으로 사용하기도 한다. 미성년자 입장 불가인 영화는 때로 학생들을 가발 쓰고 사복 입고 줄 서게 만든다. 미혼여성을 위한 껌이라는 광고는 많은 남성들의 호기심을 자극하여 남몰래 껌을 씹어 보게 만든다.

사람이든 물건이든 첫인상이 중요하다
소크라테스 효과 Socratic effect

사람들이 어떤 대상이나 인물들에 대해 가지고 있는 심리적 호오(好惡) 감정을 태도라고 하는데, 태도에는 다음과 같은 몇 가지 특징이 있다.

첫째, 태도는 시간이 흐를수록 더욱 강해진다는 점이다. 예를 들어, 친한 친구의 경우 그 친구를 생각하면 생각할수록 좋은 점만을 떠올리고, 이따금 나쁜 점들이 떠올라도 그것은 어디까지나 예외일 뿐이라고 생각하면서 그 친구를 더 좋아한다. 그러나 싫어하는 친구의 경우는 그 반대의 현상이 일어나 더 싫어하게 된다. 사람에게는 자신이 가지고 있는 태도를 스스로 반복적으로 검토

하면서 자신의 태도를 강화시키려는 마음이 있기 때문이다.

둘째, 태도는 시간이 흐를수록 논리적으로 변한다는 점이다. 이는 사람들이 평소 태도에 일관성을 유지해야 마음이 편안해지므로 태도의 일관성 유지에 대한 심리적 압박을 받기 때문이다. 만약 자기의 태도에 일관성이 없으면 몹시 긴장감을 갖게 된다. 그래서 자신의 태도가 일관되지 않으면 사람들은 자발적으로 태도를 변화시켜 논리적이게 한다. 흥미로운 점은 그런 태도 변화가 외부의 압력 없이 자발적으로 일어난다는 사실이다.

이러한 현상을 소크라테스가 자기 제자들에게 질문을 던져 자발적으로 결론에 이르도록 한 것에 비유하여 소크라테스 효과(Socratic effect)라고 하며, 사람들도 처음에는 어정쩡하고 불명확하던 자신의 태도를 점차 논리적이고 일관성 있게 변화시키려고 하는 현상을 가리킨다. 이는 심리학에서 인지 요소의 부조화 상태에 빠지면 인지를 변화시켜 조화 상태를 유지하고자 한다는 인지부조화 이론에 의해 설명이 되며, 일종의 자기합리화라 할 수 있다.

사람들이 한번 판단을 내리면 상황이 달라져도 그 판단을 지속하려는 욕구를 가지고 있거나, 몇몇 특성에 대해 상대방과 자신이 같다고 스스로 결론을 내리는 경향은 소크라테스 효과에서 기인한다. 인간관계에서 첫인상이 중요한 이유가 바로 이 때문이다. 이는 상품에서도 마찬가지로 적용되어 사람들은 다른 사람(상품)을 평가할 때 첫인상을 지속시키려는 일관성에 많은 심리적 작용을 한다.

소크라테스 효과는 마케팅 분야에서 자주 이용되는데, 한 사례를 살펴보면 다음과 같다. 눈을 가리고 맛을 테스트 하는 행사가 있었는데, 브랜드 파워가 약한 회사가 매출을 늘리고자 시도한 이벤트였다. 그러나 사람들은 맛에 대해 뚜렷하게 구별하지 못하면서도 결과는 자기가 좋아하는 상표에 호감을 던졌다. 그리고 다른 상품과 차별화를 하려 했다. 상표에 대한 충성도가 생긴 것이다. 상표 충성도는 여성이 특히 강한 편이다. 여성들의 상품 구매 특징은 어느 회사의 무슨 제품인가를 보고 선택을 한다는 점이다.

즉, 브랜드명을 유심히 살펴보며 좋아하는 유명 브랜드를 찾는다. 이런 구매 패턴은 1등만을 살아남게 하며, 2등 이하의 제품들은 아무리 큰

경품이나 미끼전략을 동원해도 1등 제품의 이미지를 바꾸지 못한다.

  일반적으로 대다수의 사람들은 자신의 경험을 바탕으로 결정하고, 차선책으로 다른 사람의 조언을 생각해 낸다. 기본적으로 소크라테스 효과가 사고에 자리잡고 있는 것이다. 아무리 P콜라 맛이 좋다고 하더라도 C콜라가 부동의 1위를 지키는 이유는 소비자들이 가지고 있는 소크라테스 효과가 한몫을 하기 때문이다. 소비자는 평소 사용하는 제품과 서비스를 지속하려는 성향이 강하고 구매에 대한 평소의 신념을 잘 바꾸지도 않기 때문에 구매 후 제품에 대한 큰 부조화가 생기지 않는 한 평생 고객이 된다. 그래서 기업에서는 A/S에 부단히 노력을 기울이는 것이다.

이루어지지 못한 첫사랑을 잊지 못하는 이유

자이가르닉 효과 Zeigarnik effect

사람들은 왜 첫사랑을 그리워하며 잊지 못하는 걸까? 그 이유가 첫사랑이 풋풋하고 아름다웠기 때문일 수도 있겠지만, 첫사랑이 이루어지지 않았기 때문에 아쉽고 안타깝기 때문일 수도 있다. 이루어지지 못해서 더 오래도록 기억에 남는 것과 관련된 심리학 용어가 있는데, 바로 완성된 일보다 끝내지 못한 일을 더 잘 기억하는 현상인 자이가르닉 효과(Zeigarnik effect)이다. 이것은 러시아의 심리학자이자 정신과 여의사인 블루마 자이가르닉(Bluma W. Zeigarnik)이 제시한 심리학 이론으로 미완성 효과라고도 불린다.

1927년 자이가르닉은 독일 베를린대학교에서 박사학위 논문을 준비 중이었다. 하루는 점심을 먹으러 연구소 동료들과 학교 근처 단골 카페를 찾았다. 인원이 많고 주문도 제각각이어서 주문 내용이 길고 복잡했다. 그런데 주문을 받았던 웨이터는 단 한 줄의 메모도 없이 정확히 주문한 음식을 내왔다. 웨이

B. W. Zeigarnik(1901~1988)

터의 비상한 기억력에 감탄한 그녀는 맛있게 식사를 마치고 카페를 나왔다. 학교로 돌아오던 중 자이가르닉은 깜박하고 자신의 소지품을 카페에 두고 왔다는 사실을 깨달았다. 다시 카페로 돌아간 그녀는 웨이터에게 혹시 두고 온 소지품을 못 봤는지 물었지만, 웨이터는 자신의 얼굴조차 기억하지 못하는 눈치였다. 대단한 기억력의 소유자로 생각했던 웨이터의 예상 밖 반응에 놀란 자이가르닉은 자초지종을 설명하고 조금 전 자기 테이블에서 주문한 음식을 기억하느냐고 물었다. 그러자 웨이터는 웃으며 자신은 어떤 주문이든 서빙이 끝날 때까지만 기억하고 그다음엔 모두 잊는다고 대답했다.

웨이터의 행동에서 아이디어를 얻은 자이가르닉은 실험을 수행하였다. 실험 대상은 두 그룹으로, 한 그룹은 과제를 끝내도록

설정했으며 다른 한 그룹은 도중에 방해를 받아 과제가 중단되도록 설정했다. 이후 참가자들에게 과제에 대한 기억을 조사한 결과 과제가 중단된 그룹의 참가자들이 과제를 거의 두 배나 더 잘 기억하는 것으로 나타났다. 이 실험을 통해 사람들이 완전히 종료된 일보다 끝나지 않은 일을 더 잘 기억하는 경향이 있다는 사실을 입증해 박사학위를 받았다.

이처럼 자이가르닉 효과는 하고 있던 일을 끝내거나 목표를 완수하면 긴장이 풀려 금방 기억에서 지워지지만, 끝까지 마치지 못한 일은 미련이 남아 계속해서 우리 의식 속에서 긴장을 불러일으키고 더 오랫동안 기억되는 현상을 말한다. 자이가르닉 효과가 나타나는 것은 우리의 뇌는 기억용량을 효율적으로 사용하기 위해 이미 끝난 일은 될 수 있으면 빨리 뇌에서 지워 버리고 아직 남아있는 일에 집중하기 때문이고, 또한 일을 끝까지 마치려는 본능이 있어서 특정 과제를 수행하기 위해 집중하던 상황에서 일을 마치지 못하면 긴장 상태가 계속되어 뇌리에 더 오래 남기 때문이다.

그래서 많은 사람들이 현재 성취된 사랑보다는 안타깝게 헤어졌거나 엇갈린 사랑과 같은 이루어지지 못한 첫사랑을 더 자주 기억하게 되는 것이다. 운동선수들이 경기가 끝나면 자신의 멋진 플레이보다는 실수했던 플레이가 더 생각나는 경우, 누군가로부터 은혜를 입었을 때 그 은혜를 갚지 못했거나 반대로 타인에게 받은 상처로 인한 원한이 있을 때 그 원한을 갚지 못했을 때 그 은혜나 원수에 대한 기억이 계속 생각나는 경우, 시작에서 끝까지 완결되는 꿈은 기억하지 못하지만 꿈을 꾸다가 도중에 잠에서 깨어나 중단된 것은 생생하게 기억나는 경우, 사업가가 실패한 사업 아이템에 계속 집착하는 경우, 시험에서 맞춘 문제보다 틀린 문제를 더 오래 기억하는 경우는 모두가 자이가르닉 효과라는 심리 현상과 관련이 있다.

자이가르닉 효과는 마케팅과 방송, 광고, 게임, 드라마 등 여러 분야에서 활용되고 있다. 예를 들어, 시리즈 형식의 드라마에서 극적인 순간에 한 회를 미해결로 종료하는 것은 이야기를 완결하길 원하는 시청자들의 욕구를 자극해 다음 회까지의 시청을 유도하기 위한 것이다. 다시 말해서, 결과에 대한 궁금증을 유발함과 동시에 시청자로 하여금 자이가르닉 효과로 잔상을 유지하게끔 유도하기 위한 것이다. 한 입 베어 문 사과 형태의 애플사 심벌마크는 온전한 사과 형태보다 더 깊은 인상을 주고 우리에게 더 쉽게 기억될 수 있는 심리학적 요인은 바로 자이가르닉 효과 때문이다. 비즈니스나 인간관계에서도 자이가르닉 효과를 응용할 수 있다. 사업의 파트너로 삼고 싶어서 혹은 사귀어 보고 싶은 이성이 있어서 상대방에게 어필해야 할 때, 용건을 한 번에 다 말하는 것보다 더 중요한 말은 다음에 하겠다며 여운을 남기는 것이다.

끔찍한 재난이나 충격적 사건으로 심리적 트라우마를 겪은 사람이 수 년 혹은 수십 년간 반복해서 그 기억이 나타나 외상 후 스트레스 장애를 겪는 것도 일종의 자이가르닉 효과라고 볼 수 있다. 어떻게 해도 완전히 종결이 되지 않아 기억의 회로 속에서 계속 반복되고 또 반복되기 때문이다.

나의 말과 행동이 큰 파장을 일으킨다

잔물결 효과 ripple effect

  물결이 잔잔한 호수나 저수지에서 돌을 던져 튕기는 물수제비를 경험해 본 사람이라면, 얄팍하고 둥근 돌로 물수제비를 뜨면 참방참방 잔물결을 일으키며 주변에 영향을 미친다는 것을 알 것이다. 이처럼 잔잔한 호수에 돌을 던졌을 때 돌이 떨어진 지점부터 동심원의 물결이 일기 시작해 호수의 가장자리까지 작은 파동이 이어져 물결이 가운데서 밖으로 퍼져 나가는 현상을 잔물결 효과(ripple effect)라고 하며, 심리학에서는 하나의 사건이 연쇄적으로 영향을 미치는 것을 의미한다. 메리엄 웹스터 사전(Merriam-Webster's Dictionary)에 의하면, 이 용어가 심리치료에서 특정한 심리적 효과나 치료를 목적으로 최면의 방법을 적용했는데 의도하지 않은 효과가 발생하는 경우를 두고 잔물결 효과라고 부르기 시작하면서 처음 사용되었다.

잔물결 효과는 물방울을 떨어뜨리면 그 지점에서 멀리 떨어질수록 파장의 크기가 커지는 것처럼 그 여파가 점차 확산되는 현상으로, 하나의 사건 또는 파장이 연쇄적으로 영향을 미치는 것을 의미한다. 연쇄반응을 일으켜 결국 생각지도 못한 파급 결과를 일으키는 도미노 효과(domino effect)와 닮았지만 과정에 따라 하나하나씩 넘어지는 도미노와 달리 잔물결 효과는 순식간에 넓게 퍼져 간다는 점에서 더 큰 영향력을 가지고 있다. 이러한 잔물결 효과는 심리학 용어이지만, 경제학이나 경영학에서도 사용된다. 조직 구성원의 일부를 질책을 했을 때 다른 구성원들에게 미치는 부정적 영향을 잔물결 효과라고 하며, 그 효과는 특히 질책을 받는 사람이 조직에서나 중요한 역할을 하고 있을 경우, 그리고 상사의 명령이나 지시가 모호하고 분명하지 않을 경우에 더 크게 나타난다.

국제금융시장에서 특정 국가의 신용등급이 떨어지게 되면 다른 국가들의 신용등급도 같이 떨어지거나, 미국의 금리인상과 같은 중대한 통화정책의 결정 뒤에 환율의 변동성이 확대되어 나타난 것은 잔물결 효과의 영향이다. 주차장에서 우연히 눈빛이 마주친 남녀가 나중에 부부가 되었을 경우, 눈빛을 마주친 그 작은 사건이 두 사람을 둘러싼 온 주변을 진동시켜서 부부로 이어지는 인연으로 연결된 이른바 잔물결 효과의 영향을 받은 것이다. 또한 학교에서 한 아이의 잘못에 대해 선생님이 야단을 쳤는데 오히려 다른 아이가 놀래서 행동이 교정되는 경우에도 잔물결 효과의 영향을 받았기 때문이다.

이처럼 산불결 효과는 경제, 인간관계, 교육뿐만 아니라 국제사회 기업 등 여러 분야에 적용되고 있으며, 물고기 한 마리가 우물에 들어와 물을 더럽히거나 반대로 물을 정화시킬 수도 있는 것처럼 긍정적 영향을 끼칠 수도 있고 부정적 영향을 끼칠 수도 있다. 스티브 잡스(Steve P. Jobs)는 2001년 아이팟 시리즈를 출시하면서 음악시장을 재편했을 뿐 아니라, 이후 스마트폰과 어플리케이션 생태계를 이끄는 데 가장 중요한 역할을 했다는 점에서 잔물결 효과의 긍정적인 사례로 볼 수 있다. 1998년 동남아시아에서 처음 발생한 외환위기가 한국을 비롯한 아시아 전역으로 확산되고, 2011년부터 시작되어 2015년까지 계속되고 있는 그리스 금융위기가 유럽 주변국에 경제성장을 가로막은 것은 잔물결 효과의 부정적 사례로 꼽을 수 있다.

　사소한 작은 마주침이 큰 인연을 만들고, 내가 오늘 한 말과 행동이 누군가에게 큰 파장을 일으킨다는 점에서 잔물결 효과를 되새겨 보자. 오늘날과 같은 지식 정보화 시대에는 잔물결 효과가 더욱 강한 힘을 발휘하며, 사회관계서비스망(SNS)의 영향으로 정보의 흐름이 매우 빨라져 지구촌 구석구석의 미세한 변화가 순식간에 전 세계적으로 확산되고 있다. 우리 모두 누군가에 의해 영향을 받고 주고 살아가는 삶 속에서 좋은 파장을 불러일으키는, 즉 긍정적인 잔물결 효과를 확산시키는 사람이 되어 보자.

우리 인생은 우리가 무엇을 부족하다고
여기는지에 따라 달라진다

알프레드 아들러

공간의 제한을 받으면 짜증이 난다

고립 효과 isolated effect

인간이 일상생활을 영위하기 위해서는 일정한 크기의 개인적 공간이 필요하다. 개인의 프라이버시를 지키고 인간의 존엄성을 보장 받을 수 있으려면 약 10m²(대략 3평) 정도의 공간이 필요하며, 이를 권리적 공간이라고 한다. 이러한 권리적 공간을 침해당하면 심각한 스트레스 증상을 유발할 수 있디. 남극 기지에 파견된 연구원, 작은 막사나 초소에서 경계근무를 하고 있는 군인들, 잠수함을 타고 오랫동안 해저에서 생활하는 사람들, 우주인으로서 우주선 안에서 생활하는 사람들, 오랜 기간 단체 합숙을 하는 사람들, 좁은 자취방이나 하숙방을 여러 명이 같이 사용하는 사람들처럼, 좁은 공간에서 함께 생활할 때는 사소한 일에도 감정이 쉽게 상하고 예민해지며 다툼이 일어나는 등의 이상 심리와 난폭한 행동이 나타날 수 있다.

실제 남극에서 발생한 한 사례를 간단히 살펴보면 다음과 같다. 2009년 7월 21일 남극에 있는 세종과학기지에서 무서운 난투극이 벌어졌다. 계약직 조리사로 있던 A씨가 총무직 행정을 담당하고 있던 박모 씨로부터 무차별 폭행을 당했다. 피해자 A씨는 기지 밖으로 도망가면 영하 70도의 눈보라 속에서 죽을 수밖에 없는 상황에서 식품창고에 숨어 있었다고 한다. 이 사건은 결국 박모 씨가 직위 해제되고 징역 1년 6월에 집행유예 3년의 판결을 받은 것으로 일단락되었다. 이 사건이 발생한 원인이 있겠지만, 심리학적 견지에서 보면 남극기지처럼 주위로부터 고립되어 상당한 기간을 함께 지내야 하는 극한 상황에서 다수의 사람들이 밀집해 지내다 보면, 서로 스트레스가 극대화되고 이유 없이 짜증을 내거나 폭력적으로 변하는 일이 흔해지기 때문에 제한되고 고립된 상황이 사건을 유발시킨 드러나지 않은 원인일 수도 있다.

이처럼 외부와 고립된 채 좁은 공간에서 합숙이나 단체생활을 할 때 사소한 일로 싸우거나 말다툼이 일어나고 감정과 행동이 격

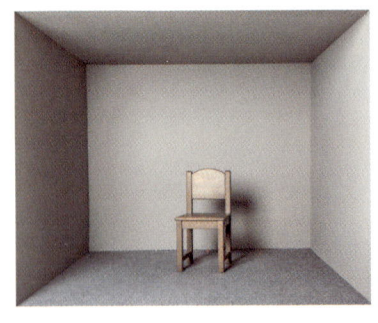
해지고 난폭해지는 현상을 심리학에서는 고립 효과(isolated effect)라고 한다. 사람들은 일정 크기 이상의 공간에 서로 공존해야 하는데, 많은 사람이 좁은 공간에 함께 있게 되면 정신적 스트레스를 받는다는 것이다. 처음에는 답답하고, 마음이 무거워지며, 초조와 불안, 외로움, 답답함 등이 뒤섞이다가 이내 격한 심리적 및 행동적 반응을 나타내기도 한다. 이런 현상이 남극에 파견된 연구원들과 군인들에게서 많이 발생하였기 때문에 남극형 증후군(winter-over syndrome)이라 불리기도 한다. 고립 효과는 인간으로서의 권리적 공간을 침해당했을 때 발생되는 심각한 스트레스 증상인 것이다. 고립 효과는 등장인물이 작은 공간에 갇히거나 벗어날 수 없을 때 감정이 격해지고 폭력적으로 변하는 영화장면에서도 찾아볼 수 있다. 좁고 격리된 상황에 처하다 보면 자신이 인지한 공간만큼 마음의 여유도 작아져 평소라면 이성적으로 생각할 일들을 감정적으로 일을 처리하게 된다.

이렇게 사람들은 좁은 공간에서 함께 많은 시간을 보내면 사소한 일에도 신경이 예민해지고 다툼이 일어나기 쉽다. 평소 같으면 잘 넘길 수 있는 작은 문제에도 감정과 행동이 격해지기도 한다. 명절에 친척들이 많이 모이면 처음엔 반갑고 즐겁다가 북적거리는 시간이 길어지면 신경이 날카로워지고, 사랑하는 남녀가 연애할 땐 헤어지기가 마냥 아쉬워하다가도 막상 결혼하여 한 공간에 살게 되면 심리적 다툼과 갈등이 생기고, 친한 친구 역시 같은 방을 오래 같이 쓰다 보면 미묘한 갈등이 생기며, 최전방의 군부대에서 사고가 가끔씩 일어나는 것 등도 고립 효과와 무관하지 않을 것이다. 이러한 고립 효과는 좁은 환경과 일정 공간 속에 오랜 시간 여러 사람이 함께 있으면 교류와 관심의 범위가 제한되면서 여러 복합적인 이유가 작용하여 감정이 극단적으로 치닫게 되는 결과다.

그러므로 사람들이 생산적이고 창조적이기 위해서는 일정 면적 이상의 공간에서 소통과 교류가 이루어져야 한다. 여러 명이 함께 사용하는 학교의 교실과 기업체의 사무실은 공간에 대한 심리적 반응을 고려한 공간 배치와 환경 조성이 필요하다. 가정에서도 공간에 대한 배려가 필요하다. 자녀에게 일정 공간을 마련해 주고, 부부 간에도 서로의 공간을 인정해 줄 필요가 있다. 긴 세월을 함께한 부부에게도 좁은 공간에서 하루종일 같이 지내는 것은 갈등과 싸움의 신호탄이 될 수 있다. 고립 효과는 물리적으로 좁은 공간에 단절된 것보다는 그로 인한 심리적인 스트레스 요인이 크기 때문에 단순한 물리적 공간의 크기뿐만 아니라 경쟁이 아닌 협업, 삭막하고 위협적인 분위기보다는 안전하고 즐거운 분위기 조성 등 심리적 공간의 크기를 넓혀 가는 노력이 필요하다.

과시욕과 열등감에서 비롯된 명품 사랑

베블런 효과 Veblen effect

　부자의 생활상을 묘사할 때 널리 사용되고 있는 과시적 소비, 금 전상의 경쟁과 같은 말을 처음 만들어 낸 노르웨이계의 미국 사회학자이자 경제학자인 소스타인 베블런(Thorstein B. Veblen)은 1899년 그의 저서 『유한계급론(The Theory of Leisure Class)』에서 황금만능주의 사회에서 재산의 많고 적음이 성공을 가늠하는 척도가 되고 있는 현실을 비판했다. 또한 그는 이 저서에서 부유한 사람들이 자신의 성공을 과시하기 위해 사치를 일삼고, 가난한 사람들은 그들대로 이를 모방하려고 열심인 세태를 설명하기 위해 베블런 효과(Veblen effect)란 용어를 만들어냈다. 유한계급이란 축적된 자산

T. B. Veblen(1857~1929)

이나 물려받은 부를 통해 땀을 흘리는 노동을 하지 않아도 되는 부유층으로 자신의 지위를 과시하기 위해 각종 여가를 즐기는 계급을 말한다. 이 유한계급에서 가격표는 본질적으로 지위를 상징하는 것으로, 그는 값이 비쌀수록 호사품의 가치는 커지며 비싸지 않은 아름다운 물건은 아름답지 않다고 말했다.

베블런 효과란 제품의 가격이 오르는데도 불구하고 남에게 보여 주기 위한 과시욕이나 허영심에 의해 그 수요가 줄어들지 않고 오히려 증가하는 현상을 말한다. 예를 들어, 다이아몬드의 가격이 하락하면 수요는 증대하는 것이 아니라 반대로 감소하고, 가격이 상승하면 수요는 증대할 수도 있다. 다이아몬드는 비싸면 비쌀수록 인간의 허영심을 사로잡게 되는데, 그 가격이 하락하면 대중이 누구나 손쉽게 살 수 있게 되므로 다이아몬드에 대한 매력이 없어진다는 것이다. 말하자면, 남들보다 돋보이거나 뽐내고 싶어서 비싼 물건일수록 사려고 드는 인간의 심리를 경제용어로 베블런 효과라고 한다. 결국 베블런 효과는 주위 사람들에게 자신의 부를 과시하고 돋보이고 싶어서 고가(高價)의 옷이나 가전제품, 귀금속

류, 자동차를 선뜻 구입하는 사람들의 소비 심리와 행태를 표현하는 말이다. 베블런 효과와 비슷한 것으로 속물 효과(snob effect)가 있는데, 이는 자기만이 소유하는 물건에 특별한 가치를 부여하는 소비 행태이다. 남들이 사용하지 않는 물건, 즉 희소성이 있는 재화를 소비함으로써 더욱 만족하고 그 상품이 대중적으로 유행하기 시작하면 소비를 줄이거나 외면하는 행위를 말한다.

베블런 효과는 특히 갑자기 거액의 돈을 획득한 사람들에게서 흔히 찾아볼 수 있는데, 한순간에 갑부가 된 사람들은 자신의 사회적 열등감을 만회하기 위해 고가의 제품들을 닥치는 대로 구입하는 현상을 보이는 것이다. 장식용으로 고급품의 가구를 사들이거나 값비싼 시계를 필요 이상으로 여러 개 구입하는 사람들이 이러한 부류에 속한다. 베블런 효과를 노리는 고가의 상품을 베블런 상품(Veblen good)이라고 한다. 남을 지나치게 의식하거나 허영심이 많은 소비자일수록 베블런 효과에 크게 빠져들 수 있다.

2006년 우리나라에서 발생했던 억대 가격의 가짜 명품 시계 사건은 베블런 효과를 아주 잘 보여주는 사례에 해당된다. 스위스 명품 시계라는 슬로건을 내건 '빈센트 앤 코'인데, 제품의 런칭 단계부터 100년 동안 유럽 왕실에서 판매되었던 명품 시계의 이미지를 위해 유명 연예인들을 초청하는 럭셔리 파티까지 기획하여 화제가 되기도 했다. 런칭 파티 때 온 연예인들에게 무료로 시계를 나눠줌으로써 파노플리 효과(effect de panoplie, 사람들이 특정 상품을 소비할 때 비슷하거나 동일한 수준의 상품을 소비하는 사람들과 같은 집단 혹은 같은 부류라고 느끼는 환상을 가지게 되는 현상으로 프랑스의 철학자이자 사회학자인 장보드리야르가 1980년대에 명명한 개념임)까지 더해져 '빈센트 앤 코'는 명실상부한 스위스 명품 시계로 거듭나게 되었고, 이후 억대의 가격에도 불구하고 시계를 찾는 사람들의 발길은 끊이지 않았다. 몇 달 뒤에 경찰 조사결과 '빈센트 앤 코'는 국내에서 제조된 원가 10만 원 정도의 시계로 가짜 브랜드라는 것이 밝혀졌다.

베블런 효과를 마케팅이나 광고에 이용하여 고급화와 차별화를 꾀하며 고가 정책을 추진하기도 한다. 유통가에서는 이른바 '귀족 마케팅'이라 하여 일반 손님 100명보다는 부자 손님 1명을 잡는 게 남는 장사라고 보고, VIP 고객을 잡기 위한 아이디어를 짜내느라 고심하고 있다. 부자 손님들이 좋아할 만한 상품, 좀더 고급스런 명품 브랜드를 서로 입점시키려고 치열한 경쟁을 벌이며, 백화점마다 명품관을 두고 있다. BMW코리아가 자사 제품을 '성공한 사람들이 타는 차'라고, 그리고 도요타코리아가 '렉서스를 타는 이는 모두 VIP다'라고 광고한 것은 베블런 효과를 이용한 예라 할 수 있다. 압구정동에 있는 한 고급 의상실에서 코트 한 벌에 100만 원의 가격표를 붙여 내놓았을 때 안 팔리던 것이 그 가격표를 1,000만 원으로 바꾸어 붙였더니 쉽게 팔린 사례도 있었는데, 이 역시 베블런 효과에 해당하는 사례가 된다.

　우리 사회는 외환위기 이후 계층 간 소득격차가 확대되는 가운데 소비의 양극화와 고급화 현상이 심화되고 있다. 최근의 불경기 속에서도 고소득층은 자신을 과시하기 위해 비싼 물건을 소비하고 있는 반면, 저소득층은 싼 물건에 집중하는 현상이 일어나고 있다. 즉, 고소득층의 비싼 물건에 대한 소비가 늘어나는 한편, 저소득층의 값싼 물건에 대한 소비 역시 증가하는 소비양극화 현상이 나타나고 있다. 경제가 불황임에도 고가의 제품은 오히려 더욱 잘 팔려 나가고 있다. 특히 자존감이 높고 교육 수준이 높은 젊은 세대를 중심으로 하이클래스적인 이미지를 얻기 위해 무리를 해서라도 더 비싸고, 더 브랜드 있는 것만을 원하는 현상이 심화되고 있다. 그러므로 베블런 효과는 소비양극화와 저소득층의 상대적 박탈감을 더욱 부채질하여 계층 간 갈등을 야기하고 사회통합을 저해할 수 있다.

어떻게 해서건 자신이 돋보이는 쪽으로 남들과 구별되고 싶은 욕망, 그리고 그 욕망에서 비롯된 명품 사랑을 잘못된 것이라고 말하기는 어렵지만, 혼자 사는 세상이 아니기 때문에 중요한 건 균형 감각을 가져야 한다. 속이 허할수록 겉에 더 신경을 쓰는 법이니 명품을 사랑하더라도 적당히 해야 한다. 북유럽에서는 명품을 자랑하면 자존감이 없고 모자란 사람 취급을 받는다고 한다. 우리의 시선이 비싼 것만 추구하는 것이 아닌 품질이 좋은 물건 쪽으로 옮겨갈 필요가 있다.

메시지의 영향력에 대한 이중 잣대
제3자 효과 third-person effect

 제2차 세계대전 중, 태평양의 한 전투에서 일본군은 미군 흑인 병사들에게 자신들은 유색인과 전쟁할 의도가 없으니 투항하라는 전단지를 뿌려 선전하였다. 곧 대대적인 공격이 있을 텐데 백인 장교들 밑에서 총받이가 되지 말고 투항하면 안전을 보장한다는 내용이었다. 그 선전물을 접한 백인 장교들은 흑인 사병들이 전단지를 읽고 동요하며 탈주자가 생길 것을 우려하여 다음날 바로 부대를 철수시켰다. 사실 흑인 사병들은 그 선전물에 크게 영향을 받지 않았는데 백인 장교들이 지레 걱정을 한 것이다.

 1983년 미국 프린스턴대학교 사회학자 필립스 데이비슨(W.

Phillips Davison)은 이 사례에서 아이디어를 얻어서 대중 매체가 수용자에게 미치는 영향과 관련한 제3자 효과(third-person effect) 이론을 발표하였다. 그는 사람들이 미디어 메시지가 자신에게는 영향력을 미치지 않는다고 지각하는 반면, 제3자인 타인에게는 상대적으로 더 큰 영향력을 미친다고 지각하는 경향이 있다고 지적하면서, 미디어의 영향력에 대한 이와 같은 편향된 지각이 궁극적으로는 사람들의 태도와 행동에 변화를 가져올 수 있음을 시사했다.

이 이론의 핵심은 사람들이 대중 매체의 영향력을 차별적으로 인식한다는 데에 있다. 곧 사람들은 수용자의 의견과 행동에 미치는 대중 매체의 영향력이 자신보다 다른 사람들에게서 더 크게 나타날 것이라고 믿는 경향이 있다는 것이다. 다시 말해서, 제3자 효과란 설득적 메시지에 노출된 사람들은 남이 자신보다 더 그 메시지의 영향을 받을 것이라고 생각하는 경향이 있음을 가리킨다. 예를 들어, 선거 때 어떤 후보에게 탈세 의혹이 있다는 신문 보도를 보았다고 하자. 그때 사람들은 후보를 선택하는 데에 자신보다 다른 독자들이 더 크게 영향을 받을 것이라고 여긴다. 이러한 현상을 데이비슨은 '제3자 효과'라고 불렀다.

제3자 효과는 TV 폭력물이나 성적 노출이 많은 영상 등 주로 부정적인 메시지에 대해 많이 나타난다. 이런 자극적 메시지에 자기 자신은 별로 큰 영향을 받지 않지만 다른 사람들은 영향을 많이 받을 것이라고 생각하는 것이다. 그러나 긍정적인 메시지에 대해서는 오히려 그 반대의 현상이 나타나는 경향이 있다. 즉, 좋은 일에 관하여 자신은 관심이 많지만 다른 사람들은 그렇게 관심이 많지 않을 것이므로 기대만큼 큰 영향을 미치지 않을 것이라고 여기게 된다. 굳이 구분한다면 후자의 경우는 '역 제3자 효과' 혹은 '제1자 효과'라고 부를 수 있다. 왜냐하면 메시지의 효과가 자기 자신에 더 크게 미친다고 믿는 현상이기 때문이다.

이처럼 제3자 효과는 대중 매체가 전달하는 내용에 따라 다르게 나타난다. 예를 들어, 대중 매체가 건강 캠페인과 같이 사회적으로 바람직한 내용을 전달할 때보다 폭력물이나 음란물처럼 유해한 내용을 전달할 때, 사람들은 자신보다 다른 사람들에게 미치는 영향력을 더욱 크게 인식한다는 것이다. 자신은 왜곡된 보도를 보아도 그것을 인식할 수 있는 분별력을 가지고 있으나 일반 사람들은 그 보도를 보고 그대로 믿어 잘못된 판단을 할 것이라고 생각하는 경우, 부모들이 TV 뉴스에서 보도되는 아이들의 일탈행동을 접하면서 과거나 지금이나 아이들이 비행을 일으켜 큰 문제라고 생각하지만 정작 자기 아이만큼은 절대로 그렇지 않다는 환상에 사로잡혀 있는 경우도 이에 해당된다. 이러한 인식은 수용자의 구체적인 행동에도 영향을 미쳐 제3자 효과가 크게 나타나는 사람일수록 내용물의 심의, 검열, 규제와 같은 법적 및 제도적 조치에 찬성하는 성향을 보인다. 결국 제3자 효과는 사람들이 대중매체의 영향력을 평가할 때 일반 사람들에 대한 영향력과 자기 자신에 대한 영향력에 대하여 이중적인 잣대를 사용하는 경향을 말한다.

    제3자 효과 이론은 사람들이 다수의 의견처럼 보이는 것에 영향을 받을 수 있다는 이론과 연결되면서 여론의 형성 과정을 설명하는 데에도 이용되었다. 이 설명에 따르면, 사람들은 자신은 대중 매체의 전달 내용에 쉽게 영향을 받지 않는다고 생각하면서도 다른 사람들이 영향을 받을 것을 고려하여 자신의 태도와 행위를 결정한다. 즉, 다른 사람들에게서 소외되어 고립되는 것을 염려한 나머지 자신의 의견을 포기하고 다수의 의견이라고 생각하는 것을 따라가게 된다는 것이다.

제3자 효과는 메시지에 작용하는 여러 변인들 가운데 하나에 불과하며 인간 의식의 불합리성을 드러내는 현상이다. 그러므로 제3자 효과에 대하여 과소평가도 과대평가도 하지 말고 현실을 직시하면서 메시지의 바람직한 소통과 효과를 향하여 노력하는 자세가 필요하다. 그리고 우리 자신이나 주변에서 제3자 효과의 존재를 알지 못해서 피해를 보거나 역으로 지나치게 민감하여 판단과 태도와 행동의 불합리를 초래하는 일은 없는지 돌아보아야 한다. 남을 전혀 의식하지 않고 독불장군처럼 자기 고집만 부려서도 안 되지만, 남의 눈치만 보면서 자기 정체성을 버리고 무작정 따라하는 것도 바람직하지 않다.

고객이 북적거리는 장면을 노출시켜라
스트루프 효과 Stroop effect

사람에게는 크게 두 가지 종류의 주의력이 있다. 하나는 능동적이며 의도적으로 일어나는 의식적 주의력이고, 다른 하나는 수동적이며 무의식적으로 일어나는 자동적 주의력이다. 이와 관련된 간단한 실험을 해 보자. 다음에 제시되는 단어들의 색상을 빨리 말해 보라.

| 빨강 | 주황 | 초록 | 파랑 | 보라 | 검정 |

이번에는 아래의 단어들의 색상을 빨리 말해 보라.

| 빨강 | 주황 | 초록 | 파랑 | 보라 | 검정 |

이에 대한 두 반응의 차이를 확실히 느낄 수 있을 것이다. 첫 번째는 단어가 나타내는 색상과 단어의 색상이 동일하고, 두 번째의 경우는 단어가 나타내는 색상과 단어의 색상이 다르다. 첫 번째보다 두 번째의 경우에 반응 시간이 오래 걸리게 된다. 빨강, 주황, 초록, 파랑, 보라, 검정과 같은 단어와 이 단어가 나타내는 의미인 실제 색상이 일치하지 않을 경우, 즉 빨강이 빨간색으로 프린트되어 있지 않고 검정색으로 인쇄되어 있을 경우에 글자의 색상을 말하는데 더 오랜 시간이 걸리며 잘못 말하게 된다.

이런 결과가 나타나는 이유는 단어를 읽으라고 요구하지도 않았고 응답자 역시 그 단어를 읽으려고 하지 않았지만, 무의식적으로 일어나는 자동적 주이가 의식적 주의에 영향을 미치기 때문이다. 즉, 단어의 색상을 말하려는 의식적 주의와 동시에 단어를 무의식적으로 읽으려는 자동적 주의가 일어나 의미간섭이 생겨 정보처리를 지연시키기 때문이다. 이처럼 과제에 대한 반응 시간이 주의력에 따라 달라지는 것, 특히 색상을 글로 나타냈을 때 이 글자가 나타내는 의미와 색상이 일치하지 않을 때 글자 색을 말하는데 오래 걸리거나 잘못 말하게 되는 현상을 스트루프 효과(Stroop effect)라고 한다. 이것은 존 스트루프(John R. Stroop)의 「시열 언어 반

J. R. Stroop(1897~1973)

응 과제에서의 간섭에 대한 연구」에서 글자의 의미와 색이 일치하지 않는 경우에 색상을 말하는 데 상당한 지연이 일어났음을 발견한 실험 결과에서 연유한 것이다.

『웹 심리학(お客をつかむウェブ心理學)』이란 책을 쓴 가와시마 고헤이(川島康平)는 '인기 있는 미용실'이란 수식어를 갖고 싶다면 웹사이트에 사람들이 북적거리고 많은 사람들이 자리에 앉아 있는 사진이나 직원들이 활짝 웃고 있는 긍정적인 이미지를 올리라고 주문한다. 이는 사람이 가지는 오감 중 웹사이트에서 직접 자극을 줄 수 있는 것은 시각과 청각뿐이기 때문이며, 제한된 표현 방법 속에서 각각의 정보가 나타내는 명확한 논리에 따라 효과적인 표현이 되기 때문이라는 것이다. 즉, 스트루프 효과에 의해서 사람이 북적거리고 대기자가 많은 미용실 웹사이트를 본 고객은 미용사의 실력을 실제 알지는 못하지만 사람이 많고 대기자가 많다는 것은 그만큼 실력이 있고 좋은 미용실이라는 이미지를 형성하게 된다는 것이다.

보통 남자 화장실은 파란색, 여자 화장실은 빨간색으로 표지판에 표시되어 있다. 그래서 우리는 글이나 그림을 확인하지 않은 채 무의식적으로 색상만 확인 하고 화장실에 들어가는 경우가 많다. 우리가 글자나 형태, 기호를 외면한 채 색상만 보고 서둘러 화장실을 찾아 들어가는 것은 '남자 화장실=파  란색, 여자 화장실=빨간색'이라는 공식이 이미 우리의 뇌에 각인되어 있기 때문이다. 만약 남자 화장실에 빨간색, 여자화 장실에 파란색으로 표지판이 표시되어 있다면, 주의력에 대한 간섭 효과가 작용하여 남녀가 화장실에 잘못 들어가는 일이 종종 발생하게 될 것이다.

봉사와 선행은 면역력과 마음치유에 특효약

테레사 효과 Teresa effect

건강하던 여인이 유방암에 걸려 수술과 항암 치료를 받았지만 다른 장기로 전이된 상태라 의사가 몇 개월밖에 살 수 없다는 진단을 내렸다. 그녀는 남은 생이라도 의미 있고 보람되게 잘 살아야겠다는 마음으로 양로원과 장애인 시설을 찾아다니며 봉사를 하게 되었다. 그 후 몇 년째 이상 없이 지내고 있다.

워낙 약골이라 조금만 무리해도 탈이 나는 한 남성이 직장을 그만두고 휴양을 위해 요양시설에 들어갔다. 그는 그곳에서 말기암으로 죽어 가는 사람을 보고 딱하게 느껴져 자신의 요양보다 그 말기암 환자를 돌보며 바쁘게 지냈다. 어느 날 아내가 요양원을 방문했는데 그 시간에도 그는 말기암 환자를 돌보고 있었다. 감기를 달고 살 정도로 몸이 허약했던 남편인지라 간병하리라고는 꿈도 못 꾸었는데 눈앞에 보이는 남편은 감기 기운은 물론 피로한 기색이 전혀 없어 보였다.

위의 두 사례에서 볼 수 있는 공통점은 과거에는 질병에 시달렸지만 현재는 무탈하다는 점이고, 또 자신보다 타인을 위해서 살아가고 있다는 점이다. 두 사람이 왜 이렇게 건강하게 달라졌을까? 그 이유를 테레사 효과(Teresa effect)에서 찾아볼 수 있다. 1998년 미국 하버드대학교 의과대학에서 재미있는 실험 결과를 제시하였다. 하버드대학교 학생 132명에게 인도의 캘커타에서 나병 환자를 돌보고 있는 다큐멘터리 영화를 보여 주었다. 그리고 그 영화를 보기 전과 본 후에 학생들의 타액 속에 있는 면역 글로불린 항체 A의 변화를 살펴보았다. 놀랍게도 대부분의 학생들에게서 바이러스에 대한 저항력을 높여 주는 면역 물질과 면역 글로불린 항체가 현저하게 증가하였다. 데이빗 맥클랜드(David C. McClelland) 박사는 "선한 행동으로 유발된 감동은 그것을 느끼는 사람들에게 면역력을 높여 주는 생물학적 사이클의 변화를 일으킨다."고 말하면서 이를 테레사 효과(Teresa effect)라고 명명하였다. 평생 봉사의 삶을 살았던 테레사 수녀의 영상을 보는 것만으로도 신체 내에서 바이러스와 싸우는 면역 물질이 증가한다는 것이다. 이 연구는 친절을 받는 사람뿐만 아니라 베푸는 사람에게도 이득이 되는 행위임을 알려 주는 좋은 연구 결과라 할 수 있다.

이처럼 테레사 효과란 평생 가난한 사람들과 함께 살며 무한한 사랑과 봉사를 베풀었던 테레사 수녀의 이름을 따서 만든 용어로, 남에게 선한 일을 하거나 서로 도와주는 일 등 봉사활동을 하게 되거나 심지어 그런 봉사활동을 생각만 해도 인체 내에서 면역 물질이 증가하는 현상을 말한다. 암이란 면역체계에 이상이 와서 생긴 병이고, 감기를 수시로 달고 산다는 것은 바이러스 감염에 저항할 수 있는 면역력이 저하되어 있다는 뜻이다. 앞의 사례인 유방암 수술을 받았던 여인이나 신체적 허약함 때문에 감기를 달고 살았던 남성이 과거에 비해 건강이 호전된 것은 아마도 꾸준히 봉사활동을 함으로써 면역기능이 향상되어 나타나는 이른바 테레사 효과 때문일 수 있다.

긍정 호르몬인 엔도르핀(endorphine)은 기쁘고 즐거울 때 분비되고, 인체의 면역력을 키워 주며, 진통 작용의 효능이 크다고 한다. 그런데 이 엔도르핀은 아름다운 음악을 들을 때, 영화를 보고 감동 받았을 때, 사랑하는 사람과 있을 때, 자신이 세운 목표를 달성했을 때처럼 가슴 깊이 진한 감동을 받았을 때 우리의 몸에서 생성된다. 테레사 수녀의 선한 봉사활동을 보고 듣는 것만으로도 마음의 병을 치유 받을 수 있는 까닭은 이런 엔도르핀이 많이 생성되어 면역체를 증가시켜 주기 때문이다. 남을 도우며 느끼는 최고조의 기분을 헬퍼스 하이(helper's high)라고 한다. 남을 도우면 심리적으로 기쁨과 만족감이 최고조에 달하기 때문이다. 의학적으로도 엔도르핀이 정상치의 3배 이상 분비되고 혈압과 콜레스테롤 수치가 낮아져 건강에도 좋다고 한다. 이런 면에서 보면 봉사는 최고 특효약이다.

오늘날 심리학에서는 헌신적인 봉사와 사랑, 섬김의 생애를 살았던 테레사 수녀의 옆에 가기만 해도, 그 이름을 듣기만 해도, 멀리서 보기만 해도, 모습을 떠올리기만 해도 왠지 마음이 착해지는 현상을 테레사 효과라고 한다. 테레사 효과는 아프리카에서 평생 의료봉사를 펼친 밀림의 성자 알베르트 슈바이처(Albert Schweitzer)의 이름을 따서 슈바이처 효과(Schweitzer effect)라고도 부른다. 자신이 행복해지기 가장 쉬운 방법은 남을 행복하게 해 주는 것이다. 공자(孔子)는 근자열원자래(近者悅遠者來), 즉 "가까운 사람을 기쁘게 하면 멀리 있는 사람도 찾아온다."라고 했다. 남을 기쁘게 하고 행복하게 하는 것은 곧 자기 자신을 기쁘게 하고 행복하게 하는 것이다. 그러므로 다른 사람들에게 자발적으로 친절과 사랑과 같은 선행을 베풀면서 살아야 하지 않을까? 오늘 당장 작은 선행이라도 하나 실행해 보자.

억울한 누명을 쓴 토마토

편견 효과 prejudice effect

    편견은 공정하지 못하고 한쪽으로 치우친 생각이나 의견을 말한다. 여성에 대한 편견, 장애인에 대한 편견, 지역에 대한 편견처럼 보통 어떤 대상에 가지고 있는 나쁜 감정이나 부정적인 평가를 말한다. 이런 편견이 문제가 되는 것은 편견이란 감정에 그치지 않고 그 집단 구성원들을 차별 대우하는 행동으로 이어지기 쉽다는 것이다. 최근 유럽에서 경제 위기가 지속되면서 신나치주의자나 인종차별주의자들이 설치고 있다. 이들은 아프리카나 아시아에서 들어온 이민자들이 자신들의 일자리를 빼앗고, 이슬람 종교 의식이나 히잡(Hijab, 이슬람의 전통 복식 가운데 하나로 여성들이 머리와 상반신을 가리기 위해 쓰는 가리개) 같은 관습이 자신들의 고유한 문화와 사회를 흔들고 있다고 주장한다. 반대시위 뿐만 아니라 이민자들에 대한 테러 등의 반사회적 행동을 서슴지 않고 있다. 이처럼 편견이 차별대우 등의 행동으로 나타나 그 집단에 속한 사람들에게 불이익을 주는 현상을 편견 효과(prejudice effect)라고 한다. 이러한 편견효과는 다음과 같은 다섯 단계의 행동으로 나타난다고 한다.

첫 단계는 비난과 욕설 등 적대적인 말을 한다. 편견을 가지고 있는 사람들은 처음에는 독일인들이 유태인들을 비난했듯이 편견 대상을 욕하기 시작한다. 어떤 나라 사람들은 어떻고, 어느 지역의 출신들은 어떻고, 곱슬머리는 어떻고 등과 같은 부정적인 말을 하기 시작한다.

두 번째 단계는 회피한다. 편견이 강해지면 자기 손해를 감수하고서라도 독일인들이 유태인 이웃을 회피했듯이 편견 대상을 피하기 시작한다. 지역감정으로 보면 어떤 지역 사람들과는 상거래를 하지 않고 친목도 도모하지 않으려고 한다. 이처럼 편견의 대상자들과 만나지 않고 거래 관계도 끊는다.

세 번째 단계는 차별적으로 대우한다. 편견 대상에 대해 직접적인 적대 행위와 불이익을 주기 시작해 고용, 교육, 주택, 정치적 권리, 복지 혜택 등에서 차별대우를 한다.

네 번째 단계는 신체적 위협과 배척을 한다. 편견을 가진 사람들은 편견 대상을 심하게 배척하고 위협해 이사를 가도록 하는 등 구역 내에서 쫓아낸다.

다섯 번째 단계는 몰살이다. 가장 강도가 심한 편견은 몰살이다. 집단 구타, 인종 청소, 개인 학살 및 집단 학살과 같이 감정적 요소와 신념적 요소를 넘어 병적인 이상 증상으로 나타나 죽음의 수용소인 아우슈비츠와 같은 가스실을 만들어 낸다.

편견 효과와 유사한 개념으로 토마토 효과(tomato effect)가 있다. 토마토의 작고 노란 꽃은 가지과의 유독식물인 맨드레이크와 유사하게 생겨 16세기 당시에는 먹지 않았다고 한다. 맨드레이크는 마취, 환각 작용을 일으키고 많이 먹으면 급사할 수 있기 때문에 비슷하게 생긴 토마토 역시 독초로 분류해 먹지 않았던 것이다. 다만 큰 잎사귀와 오묘한 빛깔로 실내를 장식하는 데 근사한 관상용 식물로만 사용했다고 한다. 사람들이 토마토를 먹기 시작한 것은 19세기가 되어서 1820년 9월 미국 뉴저지 주의 존슨 대통령이 당시 토마토 재배 금지령에 항의하여 토마토를 먹기 시작하면서부터라고 한다. 여기에서 유래된 것이 토마토 효과인데, 실제로는 아무 문제가 없는데도 불구하고 근거 없는 추측이나 편견 때문에 사실을 믿지 못하거나 무조건 멀리 하려거나 혹은 불필요한 일을 굳게 믿는 심리 상태를 말한다.

 이러한 편견 효과 혹은 토마토 효과가 실생활에서 자주 일어나고 있다. 편견과 추측은 생각에 그치지 않고 상황이나 부추김에 따라 사람에 대한 폭행이나 죽임까지 발전할 수 있다. 특히, 외국인이나 타 인종과 종교에 대한 편견과 추측들은 역사적 뿌리를 가지고 있고, 정치적으로도 편견과 온갖 추측을 유지하고 증폭시키려는 사람들 때문에 매우 위험한 부분이다. 독일에 의한 유태인 학살은 너무도 유명하지만, 다른 나라와 민족들도 이웃나라 및 타 민족들과 부딪히면서 증오와 편견, 차별을 쌓아 오고 있는 게 현실이다. 편견이나 추측, 가짜 뉴스를 가지고 지역 및 국가 간 갈등과 이념 대립에 휘둘리기도 한다. 올바른 판단과 결정을 위해서는 편견 효과나 토마토 효과에서 벗어나야 하며, 편견과 추측을 해소하기 위한 평화적 교류와 협력이 요구된다.

뷔페식당에서 본전을 생각하는 심리
매몰비용 효과 sunk cost effect

 식당에 가니 손님들이 만원이라 길게 줄지어 기다리고 있지만 좀처럼 순시가 오지 않는다. 제시간에 식사하려면 그 순간 기다리는 것을 멈추고 다른 맛집을 향해 떠나야 마땅하지만 그동안 기다린 게 너무 아까워 더 시간을 허비하며 기다린다. 길을 걷다가 보면 구두 뒷굽 위로 빨갛게 피멍이 든 여성을 발견한다. 피가 날 정도로 고통스러울 텐데도 그걸 벗지 못하는 심리는 들인 비용이 아까워서이다. 또한 주가가 떨어졌는데 손절매를 하지 못하는 심리도, 이제 아무런 감흥도 일어나지 않는 오래된 연인을 계속 만나는 것도 그동안 들인 노력과 시간, 돈 때문이다. 이처럼 이미 지출

되어 회수할 수 없는 비용을 매몰비용이라 하며, 이를 만회하기 위해 더 큰 손실을 무릅쓰는 현상을 매몰비용 효과(sunk cost effect) 혹은 매몰비용 오류(sunk cost fallacy)라고 한다.

매몰비용 효과와 관련하여 베스트셀러 『넛지(Nudge)』의 저자로 유명한 미국의 행동경제학자 리처드 탈러(Richard H. Thaler)가 진행한 실험이 있다. 그는 뷔페식당에서 돈을 내고 들어간 사람과 무료 식사권을 갖고 들어간 사람 중에 누가 더 많이 먹을지를 조사했다. 그 결과 돈을 낸 사람이 훨씬 더 많이 먹었다. 이를 본 탈러 교수는 인간에겐 어떤 행동을 적자로 마감하지 않으려는 심리가 있다고 분석했다. 즉, 포기하지 않으려는 마음이 추가로 손실이 발생함에도 매몰비용에 더 집착하게 만든다는 것이다.

이처럼 매몰비용 효과란 이미 지불한 비용이 아까워서 다른 합리적인 선택에 제약을 받는 것을 말한다. 다시 말해서, 무엇인가에 돈이나 시간 혹은 노력 등을 투입했다면 그것이 아까워 일단 그 무엇인가를 지속하려는 심리 현상을 매몰비용 효과라고 한다.

매몰비용이 들어간 일에 대해 성공 가능성과는 관계없이 그 일을 지속하려는 현상이다.

콩코드(Concorde) 개발은 매몰비용에 집착해 비합리적 결정을 내리게 되는 매몰비용 효과의 대표적인 한 사례로 꼽히고 있다. 콩코드는 영국과 프랑스가 함께 개발해 1969년 선보인 초음속 비행기이다. 1976년부터 상업 비행을 시작했으나 소음과 연료소모가 심한 데다 좌석 수가 100여석 밖에 되지 않아 경제성이 없다는 평가를 받았음에도 불구하고 콩코드 프로젝트는 계속되었다. 결국엔 막대한 비용과 시간을 들인 끝에 2003년에야 운행이 중지되었다. 이런 이유로 매몰비용 효과를 콩코드 효과(Concorde effect)라 부르기노 한다.

이후 콩코드의 사례는 매몰비용에 대한 미련 때문에 손실을 감수하고 진행되는 프로젝트나 투자를 일컫는 용어로 사용되기 시작했다. 카지노에서 많은 금액을 잃고도 잃은 금액이 아까워서 계속 도박에 돈을 거는 사례도 매몰비용의 함정에 빠진 경우에 해당된다. 주식투자 분야에서 사용되는 용어인 손절매는 이와 반대로, 미리 예측했던 손실이 발생했을 때 향후 얼마간 수익의 가능성이 없지 않더라도 추세에 따른 더 큰 손실을 방지하기 위해 즉시 매도하는 투자의 원칙을 말한다.

금융자산으로 본다면 주식, 부동산 등 직접 투자 시 쉽게 손절매를 하지 못하다가 결국 더 큰 손해를 떠안고 손절매를 하는 경우가 많다. 내게 맞지 않은 펀드나 보험을 추천받아 가입했는데 알고 보니 좀 바로 잡아야겠다고 생각해서 뒤집고 싶다. 그렇지만 그동안 부었던 돈에서 손실이 생기니 그게 너무 아까워서 본전이라도 찾아야겠다는 심리 때문에 기회를 놓쳐 더 큰 손해를 보는 경우를 주변에서 흔히 볼 수 있다.

어찌 되었건 거액의 자금을 쏟아부었기 때문에 이미 매몰되어 버려 되돌릴 수 없는 비용으로 그냥 끝장 한번 보자라는 심리적 효과를 매몰비용 효과라고 한다. 우리는 돈, 노력, 시간, 생각 등을 투입했다면 그것이 아까워서 지속하려는 경향이 있는데, 이것이 매몰비용 효과를 만들어 낸다. 이는 낭비했다는 것과 본인의 과오를 인정하기 싫어하는 자기합리화로 인해 더욱 큰 피해를 초래할 수 있다.

남녀 간의 연애할 때에도 결혼할 타이밍이 있는가 하면 헤어져야 할 타이밍이라는 게 있다. 어느 정도 오래 사귀다 보면 문득 "아, 이건 좀 아닌 것 같아. 그만 헤어져야 서로에게 좋을 것 같은 데… 하지만 그동안 오래 만나 왔잖아. 내가 상대에게 주었던 사랑, 믿음, 노력, 그동안 쏟아부은 돈과 시간도 있는데…"라는 생각이 들고 내적 갈등이 생기는 경우가 있다. 그렇게 사랑하고 죽고 못 살던 연인들도 이런 계기가 생긴다면 여러모로 저울질을 하게 된다. 경제적인 부분과는 거리가 좀 있지만, 이 또한 매몰비용 효과로 설명할 수 있다.

    우리는 자신이 가는 길이나 일이 잘못되었음을 발견하더라고 다시 시작하기에는 지금까지 기울였던 모든 것이 너무나 아깝다는 생각이 자신의 또 다른 생각을 하지 못하도록 붙들기도 한다. 이 매몰비용 효과에 직면한 개인이 지금까지의 지나온 모든 일들이 정말 맞고, 그 이상의 다른 최선의 방법이 없다면 굳이 그만둘 이유는 없을 것이다. 하지만 지금까지 들인 비용과 시간이 앞으로 가야 할 방향에 맞지 않고 다른 방향이 더 나은 최상의 방향이라면, 지금까지의 모든 것을 내려놓는 것이 앞으로의 일을 하는데 오히려 더 현명한 처사라 할 수 있다. 포기한다고 무조건 손해만 보는 것은 아니다. 물론 투입했던 돈, 시간, 노력 등의 자원은 손실을 입을 수 있지만, 다른 측면으로 본다면 앞으로 더 나은 판단을 할 수 있는 기준과 값진 경험을 얻었으니 완전 잃은 것은 아니다.

선플보다 악플이 빨리 퍼진다
부정성 효과 negativity effect

사람들은 어떤 사람의 인상을 평가할 때 대개는 긍정적으로 평가를 한다. 기왕이면 사람들을 좋게 평가하려는 그런 경향을 긍정성 편향(positivity bias)이라고 하고, 미국 소설에 나오는 여주인공의 낙천적이고 긍정적인 성격에 비유해 폴리아나 효과(Pollyana effect)라고도 한다. 이런 경향성은 다른 사람에 대해 악평을 하기보다 관대하게 보아주려는 경향을 나타내는 것으로서 관용 효과(leniency effect)라고 불리기도 한다.

한번 형성된 첫인상은 좀처럼 쉽게 바뀌지 않기 때문에 누군가를 처음 만났을 때는 첫인상을 좋게 보여 주도록 노력해야 한다.

첫인상을 상대방에게 좋게 보였으면 계속 좋은 인상을 보이도록 해야 한다. 왜냐하면, 열 번 잘하다가도 한 번만 잘못하면 앞에서 아무리  잘한 것도 허사가 되는 경우가 많은 것처럼, 좋았던 첫인상이 부정적인 정보를 접하면 쉽게 나쁜 쪽으로 바뀔 수 있다. 그러나 한 번 나쁘게 박힌 첫인상은 웬만한 긍정적 정보로는 좋은 쪽으로 바뀌지기 어렵다. 한 사람에 대해서 좋은 평과 나쁜 평을 함께 접하게 되면 좋은 평보다는 나쁜 평이 전체 인상을 결정하는 데 중요한 역할을 하는 경향이 있다. 어떤 사람의 장점과 단점에 대한 정보의 양이 비슷할 때, 우리는 그 사람에 대해서 중립적인 인상을 형성하는 것이 아니라 부정적인 인상 쪽으로 기울어진다. 이처럼 인상 형성 과정에서 부정적인 정보는 긍정적인 정보보다 훨씬 더 중요하다.

이렇게 긍정적인 정보보다 부정적인 정보가 인상 형성에 더 큰 비중을 차지하는 현상을 부정성 효과(negativity effect)라고 부른다. 부정성 효과의 대표적인 예는 좋은 소문보다는 안 좋은 소문이 더 빠르게 전파되고, 타인이 저지른 실수나 네거티브한 부분이 더 잘 기억되는 현상이다. 연예인이나 정치인을 비롯한 유명인들이 심리적으로 고통 받는 이유 중 하나도 바로 이 때문이다. 또한 당신의 지인 중 한 사람이 당신에게 친절을 베풀었을 때와 당신에게 사기를 쳤을 때, 두 사건 중 그 사람의 인상에 더 큰 영향을 미치는 것은 후자일 것이다. 전과자가 사회에 올바르게 발을 딛고 새 출발하기 어려운 요인 중에는 이와 같은 부정성 효과의 심리가 작용하게 되어 인생을 바르고 건전하게 살려는 재소자들도 사회적인 높은 벽과 인식으로 인해 갈 곳을 잃고 다시 어두운 세계로 빠지게 되는 것이다.

그러면 왜 부정적인 정보가 인상 형성에 더 중요한 역할을 하는 것일까? 그 이유는 그 사람과 직접 접촉해야 하는 처지에 있는 사람은 상대의 단점을 잘 포착해야 심적 부담이 줄어들기 때문이고, 또한 사람들은 대체로 단점을 감추는 대신 장점만을 드러내려는 경향이 있으므로 부정적인 정보가 드러나면 그만큼 더 주목을 받게 되기 때문이다. 그래서 열 번 잘하다가도 한 번만 잘못하면 쉽게 나쁜 쪽으로 인상이 바뀌는 것이다.

따라서 좋은 인상을 계속 유지하려면 나쁜 행동에 유의해야 한다. 잘나가던 미국의 제37대 대통령인 리처드 닉슨(Richard M. Nixon)이 워터게이트 사건 하나로 대통령직을 사임한 것이나, 경제 발전으로 일본 국민들의 찬사를 한 몸에 받았던 제64대, 65대 총리인 다나카 가쿠에이(田中角榮)가 록히드 뇌물 사건으로 피눈물을 삼킨 것이나, 청렴결백한 이미지로 대통령 당선이 유력시 되었던 우리나라 대통령 후보 한 사람이 아들의 병역 비리 문제 파문으로 낙선의 고배를 마신 것은 다 그런 이유에서이다. 상대방에게 좋은 인상을 심어 주기 위해서는 특히 나쁜 행동에 유의해야 하는 것이다.

미국 플로리다주립대학교의 심리학자 로이 바우마이스터(Roy Baumeister)와 그의 동료들은 인간이 긍정적인 것보다 부정적인 것에 더 강력한 영향을 받는 여러 현상을 지적하면서 "악은 선보다 더 강하다."고 주장한다. 그런 이유로 인간은 행복해지기보다 불행해지기가 더 쉽다. "불행은 부르지 않아도 잘 찾아오지만, 행복은 불러도 잘 찾아오지 않는다. 행복은 찾아와도 금방 달아나지만, 불행은 한번 찾아오면 잘 떠나가지 않는다."는 말처럼 불행이 행복보다 우리 가까운 곳에 있다. 강물을 거슬러 오르는 물고기처럼 우리도 부정성 효과나 부정성 편향을 극복하지 않으면 불행의 바다로 떠밀려가기 쉽다.

소셜미디어 여론이 극단적으로 대립하는 까닭
메아리방 효과 echo chamber effect

　요즘 우리 사회는 보수와 진보, 우파와 좌파가 상생을 하고 조화를 이루기는커녕 서로 극단적으로 대립하고 있고, 여기에 젠더갈등, 세대갈등, 지역갈등, 계층갈등, 노사갈등, 이념갈등 등이 더해져 두 진영으로 쪼개져 대립과 갈등이 첨예화되고 있다. 장외대결, 의견 대립, 상대편의 무시와 외면, 더 나아가 상대편을 짓밟는 양상을 보이고 있어 그야말로 사회 갈등과 분열이 심화되고 폭발되고 있는 양상이다. 갈등이야 과거에도 있어 왔지만 지금처럼 이렇게 심각하지는 않았던 것 같다. 자신의 입장이나 생각과 다르면 상대를 서슴지 않고 육두문자를 내뱉거나 인신공격으로 받아치는 지경이다. 이런 현상을 어떻게 설명할 수 있을까? 메아리방 효과 혹은 반향실 효과(echo chamber effect)에 주목해보자.

메아리방(반향실)은 소리가 메아리처럼 돌아오기만 하는 작은 방으로, 닫힌 방 안에서 이야기가 전파되면 그 이야기가 방 안에서만 울려 퍼지게 된다. 메아리방 효과는 닫힌 방 안에서 같은 성향과 뜻을 가진 사람들의 소리만 듣다 보면 그것이 전부라고 여기게 되는 것, 즉 특정한 정보나 사상이 일단의 사람들 사이에서 돌고 돌면서 관점이 다른 외부 정보의 유입을 막아 그 집단에 속한 사람들이 왜곡된 관점만을 갖게 되는 것을 의미한다. 다시 말해서, 메아리방 효과란 같은 생각을 가진 사람들끼리만 의사소통을 반복하게 되면 동질성 추구가 심화·강화되고 의견이 한쪽으로 쏠리게 되어서 전체를 바라보지 못하는 현상을 말한다. 인터넷 커뮤니티 또는 사회관계망서비스(SNS) 등에서 자신의 의견이나 생각과 비슷한 정보만을 믿고 공유하다 보면 자신의 믿음이 강화되고, 메아리방 안에서 자신의 신념과 유사하지 않으면 중요한 정보로 취급하지도 않게 되어 진실은 저 멀리 있게 된다. '가짜 뉴스'가 판치는 이유 중 하나가 바로 이러한 메아리방 때문이다.

메아리방 효과와 관련해서 『루머사회: 솔깃해서 위태로운 소문의 심리학(The Watercooler Effect: A Psychologist Explores the Extraordinary Power of Rumors)』의 저자이자 루머 전문가인 미국 로체스터대학교 심리학과 니콜라스 디폰조(Nicholas Difonzo) 교수는 재미있는 실험 결과를 발표했다. 공화당 지지자와 민주당 지지자들을 별도의 그룹으로 나눈 뒤, 공화당 지지자 그룹에겐 "민주당 지지자들은 자선을 덜 한다."는 루머를, 그리고 민주당 지지자 그룹에겐 "공화당 지지자들은 교육을 덜 받은 사람들이다."는 유머에 대해 토의하게 했다. 그 결과, 각 그룹은 상대 그룹에 대한 그 같은 루머에 대한 신념이 더욱 강화되었다고 한다. 그런데 그 다음에 공화당 지지자와 민주당 지지자들을 섞어 하나의 그룹으로 만들어 토의하게 했더니 그 같은 현상이 발생하지 않았다고 한다. 『생각은 죽지 않는다: 인터넷이 생각을 좀먹는다고 염려하는 이들에게(Smarter Than You Think: How Technology Is Changing Our Minds for the Better)』의 저자이자 기술 과학 분야의 저널리스트와 칼럼니스트로 활동하고 있는 캐나다 출신의 클라이브 톰슨(Clive Thompson)은 사람들은 정치적인 견해가 비슷한 사람과 함께 있을 때 편안한 느낌을 갖게 되는데, 인터넷이 그런 사람들을 찾기 쉽게 해주고 이는 메아리방 효과를 낳게 된다고 하였다.

디지털 시대인 오늘날, 이러한 메아리방 효과는 사람들이 보다 많이 그리고 자주 연결되면서 대량의 데이터를 쏟아내고 활용할 수 있는 환경에 놓이다 보니 기계학습 알고리즘(algorithm, 어떠한 주어진 문제를 풀기 위한 절차나 방법을 말하며, 컴퓨터 프로그램을 기술함에 있어 실행 명령어들의 순서를 가리킴)에 의해 더욱 증폭되고 있다. 페이스북(Facebook)의 뉴스 피드(news feed, 투고된 뉴스의 내용을 한 뉴스 서버에서 다른 뉴스 서버로 전달하는 것) 게시글 노출 알고리즘은 사용자의 선호와 맞는 피드를 주로 보여주고 있다. 미국 온라인 진보운동 단체인 무브온(MoveOn.org)의 이사장 엘리 프레이저(Eli Praisa)는 그의 저서 『생각 조정자들(The Filter Bubble)』에서 자신이 정치적으로는 진보적인 성향을 갖고 있지만 보수적인 사람들의 의견을 듣고 싶어 실제로 친분이 없는 보수주의자들과 페이스북에서 친구로 등록했으나 페이스북은 그가 여전히 진보적인 친구들을 더 자주 클릭하고 있다는 사실을 계산하고서 그들의 링크를 올려주는 반면, 보수적인 친구들의 글이나 레이디 가가의 최신 비디오 파일과 같은 내용은 그에게 링크해주지 않았다는 자신의 경험을 기술하고 있다. 구글(Google)은 사용자의 관심사를 미리 파악하고 이를 검색에 활용한다. 구글의 검색 엔진이 개인화된 알고리즘을 적용하여 검색

자가 선호할 것으로 생각하는 결과를 보여주기 때문에 누가 검색하느냐에 따라 동일한 단어로 검색해도 결과가 달라진다. 유튜브(YouTube)도 예외가 아니어서 추천 영상을 계속 누르다보면 점점 더 극단적인 견해를 이야기하는 영상으로 이동하게 된다. 알고리즘이 사용자들이 좋아할 콘텐츠를 추천하다보면 상호 이해와 합의를 이야기하는 콘텐츠는 점점 눈에 띄지 않게 되는 것이다.

메아리방 효과는 사용자가 관심을 갖지 않는 콘텐츠를 걸러서 보여줌으로써 클릭이나 페이지 스크롤을 줄여준다는 장점이 있는 반면, 자신과 다른 발상을 하는 사람들의 의견을 참조함으로써 생각의 폭을 넓혀갈 수 있는 기회를 놓치게 된다는 단점을 갖고 있다. 특히, 자기편 집단의 결속력이 강하면 집단 애착(in-group love)이 생겨나 문제를 더욱 악화시킬 수 있다. 이런 경우 집단이 구성원들끼리 상호작용이 활발해지는 메아리방 역할을 해서 자신들의 옳음을 확신하고 스스로 예찬하는 이른바 나르시시즘(narcissism)에 빠져 들게 하고, 자신들이 가진 우려나 신념을 키워 결국 다른 사람들에 대한 증오심과 공격행동으로 발전시키는 경향을 보이기도 한다. 또한 비슷한 생각을 갖고 있는 사람들이 모여 이야기를 나누면 확실치 않거나 문제가 있거나 심지어 터무니없는 거짓도 사실이 될 수 있다. 즉, 사람들은 보고 싶은 것만 보고 자신의 생각과 같은 사실만 찾으며 그렇지 않은 것은 무시하는 이른바 선별적 노출(selective exposure)이 발생할 수 있다.

이러한 메아리방 효과가 정치적으로나 사회적으로 광범위하게 작용되면 서로 다른 의견과 생각이 공유되거나 중화되지 못하고 양 극단으로 쏠리게 되어 사회적 공감대 형성이 점점 더 어려워질 수 있다. 다양한 관점의 의견이나 생각을 접할 수 있는 기회를 원천 차단하여 확증 편향(confirmation bias, 원래 가지고 있는 생각이나 신념을 확인하려는 경향성으로 소위 '보고 싶은 것만 보는 것'을 말함)을 심화시키기 때문이다. 별다른 의심 없이 다른 사람들도 자신과 같은 생각일 것이라 믿게 되고, 자신과 반대되는 의견에 대해선 이해보다는 배척을 앞세우게 된다.

지금 둘로 쪼개져 두 진영이 극단적으로 대립하고, 남이 할 때는 비난하던 행위를 자신이 할 때는 합리화하는 태도를 보이는 소위 내로남불이 부끄럽지 않게 행해지는 우리 사회와 정치의 모습은 어쩌면 인터넷 등 가상 세계에 익숙한 디지털 시대에서 같은 성향의 사람들을 하나로 묶어주고 다른 성향의 사람들과 점점 멀어지게 해 결국 편협한 사고만 갖도록 조정하는 알고리즘에 의해 빚어진 메아리방의 확산 때문에 생긴 현상일지 모른다. 앞으로 기술 발전으로 인해 알고리즘이 더욱 정교해져 여론 편향과 사회 분열이 더 극심해지고 양 진영 간의 대립과 갈등이 농후해질 가능성이 크다.

스스로 생각하기보다 알고리즘에 빠져서 보고 싶은 것만 보고 듣고 싶은 것만 들으며, 자신의 생각에 동의하면 내 편이고 자신의 생각과 다르면 적으로 몰아세우는 자세와 태도를 가지게 하고, 전체를 바라보지 못하고 편협하고 왜곡된 신념과 관점을 취하는 결과를 초래할 수 있는 메아리방 효과를 그 어느 때보다 지금 경계해야 할 때다. 우리 모두가 메아리방 효과에서 벗어나야 개인적으로나 사회적으로 희망과 발전을 기약할 수 있다.

우리를 불편하게 하는 것들이야말로
자신을 이해하기 위한 지름길이다

카를 융

약을 먹었으니 괜찮아질 거라는 마음의 힘
플라시보 효과 placebo effect

 플라시보 효과(placebo effect)란 실제로 아무런 효과가 없는 약임에도 불구하고 환자에게 이 약을 먹으면 어떤 효과가 있을 것이라는 확신을 줄 경우에 정말로 그 효과가 나타나는 현상을 말한다. 위약(가짜약)을 뜻하는 플라시보(placebo)는 '내가 기쁘게 해 주지'라는 의미의 라틴어에서 나왔다. 실제 효과가 없는 녹말이나 생리 식염수 등의 위약을 특정한 유효성분이 있는 것처럼 위장하여 환자에게 투여했을 때, 환자가 도움이 될 것이라고 믿고 복용함으로써 실제로 병세가 호전되는 현상이 플라시보 효과이다.

 특히 통증과 우울 그리고 불안을 완화시키는 데 있어서 플라시보 효과가 잘 입증되고 있다.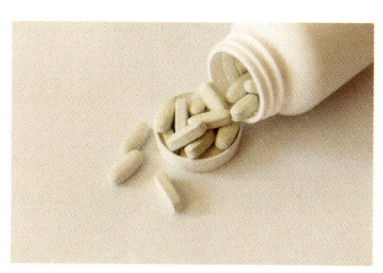
운동선수들이 수행을 증진
시킬 것이라고 믿는 약물을
투여 받았을 때 더 빨리 뛰거
나, 카페인이 들어 있지 않음
에도 불구하고 들어 있다고 생각하면서 커피를 마신 사람들이 활력과 각성 수준이 높아지거나, 기분을 고양시킨다고 엉터리로 알려 준 약물을 복용한 사람들이 기분이 좋아졌다고 느끼는 것은 모두 플라시보 효과에 해당한다. 이러한 플라시보 효과는 약을 먹었으니 괜찮아질 것이라는 인간의 마음의 힘, 즉 심리적 효과에 의한 것이다.

플라시보 효과는 다음과 같은 면에서도 설명이 가능하다. 정말로 효과가 좋은 약을 사용하더라도 그 약을 환자가 불신하고 있으면 약 70%의 효과밖에 내지 못한다고 한다. 반대로 그 약을 환자가 절대적으로 믿고 있으면 130%의 효과가 나타난다는 것이다. 즉, 믿고 안 믿고의 차이에 따라 두 배에 가까운 효과를 볼 수 있다는 것이다.

사람들에게 아무 작용이 없는 물질을 주고, 예를 들어 "이것을 먹으면 머리가 아플 것입니다."라고 말할 경우, 이것을 먹은 사람이 진짜로 두통을 일으키는 노시보 효과(nocebo effect)도 있다. '당신을 해칠 것이다'라는 의미의 라틴어에서 나온 노시보 효과는 어떤 것이 해롭다는 암시나 믿음으로 야기된 부정적 효과를 가리킨다. 치료의 부작용이나 혹은 일어날지 모르는 약의 부작용에 대한 환자의 예상이 치료 결과에 매우 심각한 영향을 준다는 정신의학 보고가 있으며, 실제 노시보 효과를 지지하는 연구 결과도 있다. 예를 들어, 34명의 대학생에게 그들의 머리 위로 전류가 지나가며(실제로는 전류가 흐르지 않았다.) 그 전류가 두통을 일으킬 수 있다는 말을 했더니, 그 중 2/3 이상이 두통을 호소했다는 것이다. 또한 심장병에 걸리기 쉽다고 믿고 있는 여성이 그렇지 않은 여성에 비해 동일한 위험인자를 가졌음에도 불구하고 사망률이 4배나 높았다는 것이다.

설혹 가짜약이라 하더라도 약을 먹었으니 호전될 것이라는 마음, 혹은 약을 먹어도 도움이 되지 않을 것이라는 마음이 치료 결과에 영향을 미칠 수 있다는 것은 인간의 심리 상태와 마음의 힘이 얼마나 중요한가를 잘 보여 주는 것이라 하겠다.

공감하면 마음을 연다

카멜레온 효과 chameleon effect

　카멜레온은 도마뱀류의 동물로 몸 색깔을 자유자재로 바꾸는 것으로 잘 알려져 있다. 더 강한 동물에게 먹이가 되지 않기 위한 생존의 방편으로 주변의 환경과 비슷하게 몸 색깔을 바꾼다는 것이 과학자들의 설명이다. 이 카멜레온에서 유래된 행동심리학적 현상이 카멜레온 효과(chameleon effect)이다. 이것은 자신의 외모나 행동을 닮은 사람에게 믿음이 가고, 또 그들의 행동과 말을 따라 하는 심리 현상을 의미한다. 즉, 사람들은 누구나 주위 사람의 몸짓과 말 등을 무의식적으로 따라 하거나 비슷한 행동을 한다는 것이다. 그래서 웃는 사람을 보면 절로 웃음이 나오고, 하품을 하는

사람을 보면 따라서 하품을 하게 될 때가 많다.

카멜레온은 권력 앞에서 비굴하게 말을 바꾸는 변덕쟁이 혹은 기회주의자란 뜻으로 은유적으로 표현되기도 하지만, 카멜레온 효과에서는 카멜레온처럼 색깔을 여러 가지로 바꾼다는 것이지 일관성이 없어 나쁘다는 부정적인 뜻으로 사용되는 것이 아니다. 즉, 빛의 강약과 온도, 감정의 변화 등에 따라 몸의 빛깔을 바꾸는 동물인 카멜레온처럼 주위 환경에 맞게 적절히 변화하거나 대응하는 것을 의미한다. 상대의 입장과 감정을 이해하고 느끼는 공감(sympathy) 능력이 뛰어난 사람이 상대방 행동을 무의식적으로 더 많이 따라 한다는 실험 결과도 있다. 그래서 공감 능력은 카멜레온 효과와도 통하며, 환경에 따라 반응하는 카멜레온처럼 남들의 감정을 똑같이 느끼고 공감할 줄 아는 능력이 뛰어난 사람을 카멜레온 같은 사람이라 부르기도 한다.

1999년 미국 뉴욕대학교 심리학자 타냐 차트랜드(Tanya L. Chartrand)와 존 바그(John A. Bargh)가 행복하게 오래 산 부부가 자신과 상호 작용하고 있는 파트너의 얼굴 표정이나 자세, 또는 독특한 버릇이나 행동을 무의식중에 흉내내는 것을 보고 카멜레온 효과라고 명명하였다. 금슬이 좋은 부부가 나이가 들면서 서로 닮아가는 경우가 많은데, 이는 오랜 세월 동안 함께 사는 파트너의 얼굴 표정을 흉내내어 똑같은 얼굴 근육을 반복적으로 사용하면서 두 사람의 얼굴이 비슷해 보이기 때문이다. 파트너 가운데 한 명이 특정한 방식으로 미소를 지으면 다른 한 명도 그것을 따라 할 가능성이 높아 동일한 패턴의 주름과 얼굴 근육 형태가 만들어지는 것이다. 이처럼 오랜 기간 결혼생활을 한 두 부부가 남들보다 더 닮아 보인다면 파트너의 표정과 버릇을 계속 흉내냈기 때문이며, 이는 다른 부부들보다 더 행복하게 살았음을 의미하는 것이다. 그러므로 공감은 행복한 결혼 생활의 열쇠라 할 수 있다.

이와 관련하여 시카고대학교 심리학자 사이언 베일락(Sian L. Beilock) 교수는 심리학과 뇌과학의 최신 연구 결과들을 바탕으로 긴장한 나머지 생각이나 행동이 얼어붙는 초킹(choking) 현상에 대해 심도 있게 다루고 있는 그의 저서 『부동의 심리학(Choke)』에서 흉내는 좋은 대인관계의 초석이 될 수 있으며, 파트너의 얼굴 표정을 흉내내는 것은 결혼생활에도 도움이 된다고 말한다. 다른 사람의 감정적인 표현을 모방하면 상대방의 감정 상태를 이해하는 뇌의 능력이 높아지기 때문이라는 것이다. 이런 원리는 부부관계에만 국한되는 것이 아니다. 한 실험에서 참가자들에게 여러 장의 사진을 보여주고 가장 매력적인 얼굴을 고르도록 했더니 참가자들은 무의식적으로 자신과 비슷하게 닮은 사람을 골랐다고 한다. 이처럼 서로 비슷한 모습과 성격적 특징을 지닌 사람끼리 호감을 느끼는 것을 심리학에서는 유사성 매력 원리(similarity-attraction principle)라고 한다.

카멜레온 효과가 나타나는 이유를 인간의 생존 본능이라는 종의 기원에 뿌리를 두고 설명하는 학자가 있다. 컬럼비아대학교 경영대학원 애덤 갈린스키(Adam D. Galinsky) 교수는 같이 생활하는 인간 무리의 수가 늘어나면서 누구를 믿을 수 있는지 알아내려면 주변 환경에서 신호를 찾아내야 했기 때문이라는 것이다. 그런 신호를 찾기 위해 상대방과 잘 일치되는지를 무의식중에 살펴보게 되고, 그렇게 하는 방편으로 상대방의 행동 패턴에 자신의 행동을 일치시켜 보게 된다는 것이다. 예를 들어, 직장에서는 주로 정장을 입고 여름 휴가철 해변에서는 수영복을 입어야지 그 반대로 의상을 하면 이상하게 된다. 카멜레온이 주위 색깔과 비슷하게 몸

색깔을 바꾸듯이 주변 사람들하고 비슷하게 옷을 입고 행동을 맞춰야 안전한 것이다.

그런가 하면 캘리포니아대학교 심리학과 로렌스 로젠블룸(Lawrence D. Rosenblum) 교수처럼 모방의 사회적 중요성, 즉 다른 사람을 모방하거나 모방 당함으로써 상호작용이 촉진되기 때문이라는 주장도 있다. "모방은 가장 성실한 아첨이다(Imitation is the sincerest form of flattery)."라는 영어 속담은 바로 이 같은 주장을 잘 표현해 주고 있다. '유유상종(類類相從)'이라는 말이 있듯이 사람은 자신과 비슷한 사람끼리 어울리거나 사귀어야 편하고, '모난 돌이 정 맞는다'는 격언처럼 모난 돌이 되지 않으려면 튀지 않고 옆 사람과 비슷하게 행동해야 무탈하게 사회생활을 하게 된다는 뜻이다.

인간의 뇌에는 거울 뉴런(mirror neuron)이 있어서 다른 사람의 행동을 따라하게 된다. 공감 능력이 뛰어난 사람들에게는 상대방을 모방하려는 성향이 더 많이 나타나는데, 이는 곧 상대방의 고통이나 기쁨, 슬픔 등의 감정을 그대로 이해하고 느끼는 공감 능력의 발로라고 할 수 있다. 상대방이 고통스러워할 때 같이 인상이 찡그려지거나 하는 등 자신의 표정까지 바뀌게 되는 것을 상담심리학에서는 동작모방(motor mimicry)이라고 한다. 협상을 할 때 상대방의 몸짓 흉내를 따라 해도 호감도가 15% 상승하고, 또한 손님의 주문 내용을 따라 말한 종업원이 다른 종업원보다 팁을 70% 더 받는다는 연구 결과도 있다. 상담심리학에서는 공감을 잘해 주는 사람 앞에서는 자신을 편하게 드러낸다고 한다. 따라서 공감을 잘해 주는 사람 앞에서 마음을 열고 자신을 드러내게 되는 심리도 결국 카멜레온 효과인 셈이다.

사람이나 카멜레온이나 생존을 위해 변신을 하는 것은 죄가 없다. 사람들은 대체로 나와 닮은 사람에게 친밀감과 신뢰를 느낀다고 하니, 누군가와 친해지고 싶고 더 가까이 다가서고 싶다면 카멜레온 효과를 이용해 보는 것이 어떨까?

자기방어를 위한 가식적인 선행

고백 효과 confession effect

연예인과 정치인이 음주운전이나 성추행, 원정도박 등 큰 잘못을 자행하여 사회에 물의를 일으키고 국민들의 지탄을 받으면서 "후회하고 반성하고 있다.", "모든 것을 내려놓겠다.", "죄값을 받겠다."고 공언하고 사죄하는 모습이나 법원의 판결에 의해 사회봉사 명령을 받고 자선 단체 등에서 봉사활동을 하는 행위를 보게 된다. 그리고는 그가 얼마 지나지 않아 언제 그랬느냐는 듯이 비슷한 잘못을 저지르거나 판사의 판결에 의한 봉사활동이 끝났으니 죄를 씻었다고 생각하고 더 이상 선행을 하지 않는 경우를 간혹 접하게 된다. 이와 관련된 심리학 용어 중에 고백 효과(confession effect)란 것이 있다.

고백 효과란 자신이 저지른 잘못을 다른 사람에게 고백하고 사죄하는 마음으로 선행을 하다가 자신의 죄를 고백한 이후 어느 시점에서 이르러 자신의 죄가 용서를 받았다고 생각이 들면 그동안 해 왔던 선행을 하지 않거나 선행이 줄어드는 현상을 말한다. 간단히 말해서, 자신의 잘못을 누군가에게 고백하면 죄책감이 줄어드는 심리적 현상을 고백 효과라고 한다. 사람은 양심이 있기 때문에 몸이 불편한 장애인의 도움 요청을 못 본 척하거나 거절하였을 때, 버스나 전철 안에서 무거운 짐을 들고 서 계신 노인에게 자리를 양보하지 않았을 때, 남의 물건을 훔쳤을 때, 남에게 거짓말을 했을 때와 같이 죄를 짓거나 양심에 가책이 되는 행동을 하게 되면 죄의식, 미안함, 수치심, 비겁함과 같은 불편하고 무거운 마음을 갖게 된다.

이러한 마음을 덜기 위해 자신이 잘못을 저지른 당사자나 제삼자에게 사죄하는 마음으로 평소보다 더 잘해 주는 행동을 하게 된다. 그러다가 적당한 시점에서 자신이 저지른 잘못과 마음에 담아 둔 반성과 후회를 누군가에게 털어놓고 고백하게 되면 마음이 한결 가벼워지면서 동시에 마음에 쌓여 있던 미안함과 죄의식이 희

석되고 양심의 가책이 사
지게 된다. 그러면 죄값을 치
렀다는 생각에서 그동안 다
른 사람을 돕는 선한 행동이
사라지거나 감소한다. 이처
럼 어떤 사람에게 도움을 못 주었거나 남에게 피해를 입혔다는 죄
의식을 덜려고 남을 도와주는 행동을 하는데, 자신의 죄의식을 남
에게 고백하면 그런 죄의식이 사라져 다른 사람을 돕는 행동이 줄
어드는 이런 심리 현상이 바로 고백 효과이다.

따라서 고백 효과에 의한 선행의 목적은 타인의 필요에 의한 것
이 아닌 자신의 필요를 채우기 위한 것이며, 죄를 씻기 위한 지극
히 개인적인 동기의 발로에 의한 것이다. 즉, 고백 효과는 자신의
필요에 의해서 선행을 행하는 것이지 결코 다른 사람을 위해서 자
발적으로 행하는 순수하고 진실한 선행이 아닌 가식적인 선행인
셈이다. 어찌 보면 마지못해 어쩔 수 없이 행하는 선행이며, 일정
시간이 지나 죄를 씻었다는 목적이 달성되었다고 생각이 들면 더
이상 선행을 중단하는 것이다.

예를 들어, 결혼한 남편이 외도를 했을 때 아내에게 미안하고

양심이 찔려 평소보다 아내에게 더 잘해 주게 된다. 아내가 전혀 눈치채지 못해도 미안하고 죄책감이 들어 더 잘해 주고 싶은 마음이 들고 옷을 사 주고 애정 표현을 하는 등의 행위를 하게 된다. 그러다가 나중에 외도한 사실을 아내에게 고백하고 용서를 받게 되면 더이상 잘해 주고 싶은 그런 마음이나 태도, 행동이 사라지게 되는데, 이것이 바로 고백 효과이다.

사람들은 고백 효과를 통해 스트레스를 해소하거나 마음의 짐을 벗으며 위안을 가질 수 있다. 속죄 행위 같은 기부나 고해 성사 후에 찾아드는 심리적 홀가분함에 만족하기도 한다. 신부를 통해 하나님께 고백하는 고해성사도 이러한 고백 효과 때문이라고 볼 수 있는데, 정말 잘못을 했으면 단순히 죄를 씻기 위한 것이 아니라 진정으로 사죄하고 뉘우치며 다른 사람과 사회에 봉사하는 선행하는 모습을 꾸준히 보여 주는 게 올바른 모습일 것이다.

자주 보면 정이 들고 호감이 간다
단순 접촉 효과 mere-exposure effect

우리는 무엇이든지 자주 접촉하는 것을 좋아하는 경향이 있다. 즉, 친숙해지면 호감이 증가되는 경향이 있다. 누군가를 자주 보면 정이 드는 것처럼 단순히 자주 접촉하는 것으로 인해 사람들이 호감을 느끼게 되는 것을 단순 접촉 효과(mere-exposure effect) 혹은 노출 효과(exposure effect)라고 한다. 즉, 상대방과의 만남을 거듭할수록 호감을 갖게 되는 현상이다. 이 현상은 폴란드 태생의 미국 스탠포드대학교 사회심리학자 로버트 자이언스(Robert B. Zajonc)가 이론으로 정립하였기 때문에 자이언스 효과(Zajonc effect)라고 불리기도 한다. 그는 실험을 통해 사람은 낯선 사람을 대할 때 공격적이고 냉담하고 비판적이 되고, 누군가를 만나면 만날수록 좋아하게 되며, 상대의 인간적 측면을 알았을 때 더 깊은 호의를 갖는다는 이론을 정립하였다.

1889년 만국 박람회를 위해 프랑스 파리에 312m 높이의 에펠탑이 세워진다는 계획이 발표되자 파리 시민들은 연일 반대 시위를 벌였다. 아름다운 파리 시가지에 흉칙한 철탑이 세워지는 것은 결코 어울리지 않을 것이라는 것이 그들의 주장이었다. 그러나 에펠탑이 세워지고 날마다 이를 보게 되자 점차 정이 들어갔다. 이제 그들은 에펠탑을 파리의 명물로 자랑하고 있으며 파리의 상징으로 여기게 되었다. 이렇듯 단지 자주 접촉하는 것만으로 사람들이 호감을 느끼게 되는 것을 단순 접촉 효과 혹은 에펠탑 효과(effel tower effect)라고 한다.

처음에 보고 들었을 때는 어색하기 짝이 없었던 광고나 상표명도 여러 차례 듣다 보면 그럴듯해 보인다. 처음에 들었을 때는 별로였던 유행가도 라디오나 TV를 통해 자주 듣다 보면 어느새 좋아하게 된다. 그래서 가수들은 자기의 노래를 히트시키기 위해 방송국의 PD나 DJ 등을 교섭해서 자기의 노래를 자주 내보내게 하거나, 거리의 레코드점 주인들을 포섭해 자기의 음반을 자주 틀게 하여 사람들이 들을 수 있게 한다.

사람을 자주 접하다 보면 호감을 느끼게 되어 친한 관계로 발전되기도 한다. 이러한 경향은 생물학적인 적응 가치를 지니고 있다. 둘러싼 생활 조건에서 자주 접하는 사람은 양육자나 보호자인 경우가 많고, 이러한 사람들에 대해서 호감과 애착 행동을 나타내는 경향성은 보살핌과 보호의 기회를 증가시켜 준다. 따라서 낯선 사람보다는 친숙한 사람에게 편안함과 호감을 느끼는 것이 생존의 가능성을 높여 주게 되디. 또한 친숙한 사람을 잘 알고 그에게 익숙해져 있어서 그 사람의 행동을 이해하고 예측하기 쉽기 때문에 그에게 편안함과 호감을 가지게 되는 것이다.

대인관계에 있어서 첫인상이 비록 좋지 못해도 자주 접촉이 이루어지면서 상대방에 대한 좋지 못했던 인상이 점차 완화되는 현상을 쉽게 볼 수 있다. 이성관계의 경우에 흔히 사용하는 "뛰어난 미인도 사흘이면 싫증나고, 아무리 못생긴 얼굴도 사흘이면 좋아진다."란 말도 단순 접촉 효과의 현상이다. 정치나 언론에서 특정

현안이나 정책을 대중들에게 자주 알리고 노출시킴으로써 대중들을 설득하는 경우나, 상품 광고에서 자주 소비자들에게 노출시킴으로써 상품이 친숙하게 느껴지도록 하는 경우는 이러한 단순 접촉 효과를 노린 것이라 할 수 있다. 한 장거리 커플이 서로 수백 통의 편지를 주고받았으나 헤어지게 되었는데, 그 이유가 매일같이 그 편지를 전해 주던 우체부와 여자가 사랑에 빠졌기 때문이라는 일화가 있다. 이것도 단순 접촉 효과의 힘을 보여주는 사례라고 볼 수 있다.

그러나 접촉을 많이 한다고 해서 반드시 호감을 증가시키는 것은 아니다. 싫지 않은 자극에 대해서는 반복된 접촉이 호감을 증가시키는 경향이 있지만, 불쾌감을 느끼는 자극에 대해서는 이러한 단순 접촉 효과가 나타나지 않는다. 오히려 싫어하는 사람을 자주 만나게 되면 혐오감이 더욱 강화될 수 있다. 뿐만 아니라 긍정적인 대상이라 하더라도 접촉의 빈도가 어느 수준을 넘어서면 오히려 호감도가 감소될 수 있는데, 이를 과잉 노출 효과(over-exposure effect)라고 한다.

세대와 세대 사이의 벽이 생기는 이유
동시대 집단 효과 cohort effect

  어른들이 하는 이야기 중 "우리 때는 이랬는데, 요즘 애들은 우리 때랑 많이 달라."라는 말을 흔히 들어 볼 수 있다. 우리 때와 요즘 애들이 경험하는 것이 다르고 시대의 사회적 배경이 달라 어떤 문제를 바라보는 시각과 해결책에 대해 세대차를 가져오며 서로 이해하지 못하는 결과를 초래하기도 한다. 간혹 부모님이 들려주는 이야기 중에 자녀들이 알아듣기 어려운 말이 있다. 이는 그 세대를 살지 않았던 사람들은 이해하기 어려운 것들이 있기 때문이다. 반대로 자녀가 사용하는 언어를 부모님이 알아듣지 못하고 이해하기 힘든 경우가 많다. 이를 두고 바로 세대차를 느낀다고 한

다. 그래서 동시대를 살아온 부류들끼리는 원활한 대화를 이어갈 수 있지만, 세대가 다를 경우엔 소통이 수월하지 않을 수 있다.

이러한 현상을 설명해 주고 있는 것이 발달심리학에서 사용되는 동시대 집단 효과(cohort effect)이다. 이것은 동시대에 태어난 사람들이 유사한 사회적 경험을 공유하게 되어 이 경험이 특정 사안에 대한 공통적인 태도를 만들게 되는 현상을 의미하며, 동년배 효과 또는 동시대 출생집단 효과라고도 불린다. 코호트(cohort)의 어원은 라틴어 '뜰'이란 뜻의 co와 '훈련받은 사람들'이란 뜻의 hors, 즉 '같은 뜰에서 훈련받은 무리'라는 의미의 cohors, 혹은 로마군에서 대대를 가리키는 군인 집단을 뜻하는 중세 프랑스어 cohorte이다. 오늘날 코호트는 사회학에서는 특정 기간에 특정 경험을 공유한 사람들의 집단을, 그리고 통계학에서는 동시대 출생집단을 뜻한다. 따라서 코호트는 비슷한 시기에 출생하고 비슷한 가치관이나 행동양식을 공유하는 집단이고, 코호트 효과는 비슷한 시기에 태어나고 비슷한 경험을 공유함으로써 비슷한 가치관이나 행동양식을 갖게 되는 것을 말한다.

본래 동시대 집단 효과란 말은 독일의 심리학자 파울 발테스(Paul B. Baltes)가 제안한 인간 발달에 관한 연구방법으로서 발달에 미치는 사회적 및 역사적 영향을 밝히기 위한 분석에서 나온 것이다. 동시대 출생집단은 사회문화적으로나 역사적으로 거의 비슷한 경험을 하며 살아왔기 때문에 가치관, 인생관, 교육수준이나 문화적 혜택, 그리고 여러 가지 사회적 태도에 있어서 공통점과 유사성을 가지게 되고, 공통된 화제를 가질 수 있으며, 서로 잘 모르는 동시대 출생의 사람을 만나도 공통적 문화로 자연스럽게 동질성과 동료의식을 갖게 된다.

결국 동시대 집단 효과는 서로 태어나서 자란 시대가 다르기 때문에 횡단적 실험 결과에서 나온 연령의 차이가 연령이 증가해서 나온 결과라기보다는 연령집단의 공통적인 경험이 원인이 될 수 있다는 것으로서 시대 사회적 배경 효과를 의미하는 것이다. 한국 사회에서 많이 활용되는 대표적인 코호트로는 베이비붐(baby boom) 세대와 에코(echo) 세대가 있으며, 그 외에도 산업화 세대, 민주화 세대, 386세대, N세대 혹은 X세대 등이 있다. 이러한 세대에 속한 사람들끼리 또래집단을 형성하고 동질감과 동료의식으로 공통적으로 같이 느끼고 공감하는 것을 동시대 집단 효과라고 말하기도 한다.

같은 세대는 서로만이 알아듣는 신호나 제스처로 서로 간의 동질감과 동료의식을 확인하면서 더욱 견고하게 또래 집단을 형성하고, 공통적으로 같이 느끼고 경험하는 것을 공감하기도 한다. 이는 자연스럽게 다른 집단, 즉 세대가 다른 사람들을 제외시키고 소외시키게 되는 결과를 낳기도 한다. 물론 일부러 제외시키려고 의도를 가진 것은 아니지만, 이렇게 동질감과 동료의식이 강하게 결속될수록 자연스럽게 다른 집단을 배타시키는 결과를 초래하기 쉽다. 이처럼 모든 사회에서 필연적인 세대 간 차이는 하나의 현상이나 문제에 대한 해석이 달라 갈등 유발 요소로 작용하는 역기능을 하기도 하지만, 이에 대해 사회적 토론과 합의가 이루어지는 경우엔 좀 더 나은 사회를 향한 발판이 되는 순기능을 가지게 되기도 한다.

자연스럽게 따라오는 세대 간의 배타성은 어쩔 수 없지만, 각 세대 간에 서로 포용하고 수용하며 존중하는 태도를 길러야 보다 성숙하고 아름다운 사회가 될 것이다.

머리 숫자와 힘은 비례하지 않는다

링겔만 효과 Ringelmann effect

　우리 사회는 곳곳에 여러 집단이 있고, 그 집단 속에는 구성원들이 존재하기 마련이다. 이띤 한 집난에 소속된 구성원의 수가 늘어날수록 개인이 내는 성과의 수준이나 집단에 대한 공헌도는 커질까 아니면 작아질까? 전체적인 성과는 올라갈지 몰라도 개인이 발휘하는 성과나 집단에 대한 공헌도는 오히려 감소한다는 실험 결과가 있다.

　1913년 프랑스 심리학자이자 농업전문 엔지니어인 막시밀리앙 링겔만(Maximilien Ringelmann)은 줄다리기 실험을 통해 집단에 속한 각 개인들의 공헌도의 변화를 측정해 보았다. 개인이 당길 수

있는 힘의 크기를 100으로 보았을 때, 2명, 3명, 8명으로 이루어진 각 그룹은 200, 300, 800의 힘이 발휘될 수 있을 것으로 기대되었다. 그러나 실험 결과에 따르면, 2명으로 이루어진 그룹은 잠재적인 기대치의 93%, 3명으로 이루어진 그룹은 85%, 그리고 8명으로 이루어진 그룹은 겨우 49%의 힘의 크기만이 작용한 것으로 나타났다. 즉, 참가자가 늘수록 한 사람이 내는 힘의 크기가 줄어드는 것으로 나타났다. 이러한 실험 결과처럼 혼자서 일할 때는 100의 역할을 하는 구성원이 집단 속에서 함께 일할 때 이에 미치지 못하는 성과를 내는 현상을 링겔만의 이름을 따서 링겔만 효과(Ringelmann effect)라 부른다.

다시 말하면, 혼자서 일할 때보다 집단 속에서 함께 일할 때 노력을 덜 기울이는 현상, 혹은 집단의 규모가 클수록 구성원들이 힘을 최대로 발휘하지 않아 성과에 대한 개인별 공헌도가 떨어지는 집단 심리현상이 링겔만 효과이다. 둘 이상의 요소가 서로 협력하고 상호 보완을 하여 더 큰 효과를 발생시킨다는 뜻으로

1+1=2가 아닌 3이상의 효과를 내는 현상을 시너지 효과(synergy effect)라고 하는데, 이 시너지 효과의 반대되는 개념이 링겔만 효과이다. 이러한 링겔만 효과는 대개 다음과 같은 두 가지 경우에서 발생하게 된다고 한다.

첫째, 조직 내에서 구성원 스스로가 개인의 존재 의미나 가치를 발견하지 못할 경우이다. "나는 팀에 기여하는 바가 거의 없는 것 같다."라거나 "내가 없어도 팀이 활동하는데 전혀 지장이 없다."라는 식의 자신의 존재 의미나 가치에 대한 불신은 곧바로 업무에 대한 의욕 저하로 이어진다. 이렇게 의욕이 떨어진 개인은 공동으로 달성해야 할 팀의 목표에 적극적인 노력을 기울이지 않게 되고, 그로 인해 링겔만 효과가 발생하게 되는 것이다.

둘째, 집단 속에서 개인의 잘잘못이 확실하지 않을 경우이다. 개인에게 주어지는 업무의 책임과는 달리 집단의 이름으로 책임과 권한이 주어지면 개인의 익명성이라는 그늘에 숨어 자신의 능력을 십분 발휘하지 않게 된다. 특히 팀의 규모가 크면 클수록 팀 구성원 개개인에 대한 책임이나 기여도에 대한 평가가 어려워져 링겔만 효과가 나타날 가능성이 커지게 된다.

그렇다면 조직 내에서 링겔만 효과를 어떻게 줄일 수 있는가?

무엇보다도 팀의 목표에 대한 개인의 몰입도를 높이는 것이 중요하다. 팀 리더는 공동의 목표 달성을 위해 구성원 개개인에게 명확한 역할과 책임을 부여하여 스스로의 가치를 발견하도록 해야 한다. 또한 팀 전체의 성과에 대한 평가뿐 아니라 구성원 개개인의 기여도에 대한 평가를 동시에 실시하는 것도 중요하다. 팀에 대한 개인의 공헌도가 분명하게 평가된다는 것을 인식하게 될 때, 무임승차 효과(free rider effect, 집단 내 공동체에서 우수한 구성원의 노력으로 나머지 구성원들이 이익을 받는 경우를 말하는데, 이는 집단 내 동기부여가 이루어지지 않는 소수 구성원이 집단 활동과 책임을 다하지 않으면서 보상 분배에 참여하는 사회적 나태 행동이라 할 수 있음)가 발생하지 않고 구성원 각자가 최선을 다하게 된다.

숫자적으로 우세했던 무리가 자신들보다 훨씬 열세한 적과의 전쟁에서 패한 경우를 역사를 통해 종종 알 수 있다. 이것은 링겔만 효과를 정확히 이해하지 못하고, 단순히 산술적인 힘의 우세만을 과신했기 때문에 빚어진 결과라 할 수 있다. 링겔만 효과는 조직에 있어서 개인별로 명확하게 역할을 부여하고, 팀별뿐만 아니라 개인별로 성과를 관리하고, 하나의 목표로 팀의 역량을 집중시키는 것이 개인과 팀의 발전을 극대화시키는 주요 관건이 된다는 것을 우리에게 시사해 주고 있다. 또한 다수라는 익명성 뒤에 숨어 있는 집단 구성원 개인이 '나 하나쯤이야'라는 생각으로 자기 역량을 충실히 발휘하지 않는 도덕적 해이와 사회적 태만을 할 가능성이 높기 때문에 이를 경계해야 함을 일러주고 있다.

귀가 얇으면 예방 주사가 필요하다
면역 효과 inoculation effect

 겨울철이 다가오면 많은 사람들이 강한 인플루엔자 바이러스에 저항하기 위한 항체를 형성하기 위해 예방주사를 맞아 독감에 대한 면역력을 키워 예방한다. 강한 바이러스가 신체에 치명적인 손상을 주듯이 강한 설득 메시지는 더 많은 태도 변화를 일으킨다. 그래서 예방주사를 맞은 사람이 항체를 형성해 이후의 강한 바이러스에 저항하듯이 미리 약한 메시지를 받으며 메시지에 면역성을 키운 사람들은 강한 설득 메시지에도 잘 저항한다는 것이다. 이러한 현상을 면역 효과(inoculation effect) 혹은 예방접종 효과(immunization effect)라고 한다.

면역 효과는 미국 커뮤니케이션 분야의 사회심리학자 윌리엄 맥과이어(William J. McGuire)에 의해 알려졌다. 그는 메시지를 전달받는 수신자의 과거 경험이 설득에 중요한 역할을 한다는 사실을 밝혀냈다. 그래서 맥과이어와 그의 동료들은 쉽게 설득을 당하지 않으려면 사전에 약한 설득 메시지에 노출되는 경험을 해야 한다고 주장했다. 즉, 미리 면역 기능을 길러 주어야 한다는 것이다. 그렇게 하면 강한 설득 메시지에 노출되더라도 쉽게 설득되지 않는다. 이처럼 미리 약한 설득 메시지를 들으면서 면역 기능을 기르게 되면 나중에 강한 설득 메시지에 노출되더라도 쉽게 설득되지 않는 현상을 면역 효과라고 한다.

　그렇다면 어떤 사람들이 설득이 더 잘될까? 설득이 잘 되는 사람을 우리는 보통 '귀가 얇다.'라고 표현하기도 한다. 어떤 조건에서 설득이 잘되는  사람들은 그렇지 않은 사람들보다 다른 장면에서도 설득이 잘되는 경향이 있다. 공격적인 사람들은 처벌적 커뮤니케이션에 더 영향을 받지만, 공격적이지 않은 사람들은 관대한 커뮤니케이션에 더 영향을 받는다. 자존심이 낮은 사람들은 높은 사람들에 비해 설득이 잘된다. 자존심이 낮은 사람들은 자신이 하는 일이나 자신의 태도에 변화를 주는 것을 부담스럽게 생각하지 않기 때문에 조금만 위협을 받아도 자신의 태도를 쉽게 변화시키는 경향이 있다. 그리고 지능이 높은 사람들은 비판적으로 정보를 받아들이기 때문에 설득이 잘되기도 하고 안 되기도 한다. 지능이 높은 사람들은 논리적이고 일관된 주장에 설득이 잘되는 반면, 지능이 낮은 사람들은 복잡하지 않고 난해하지 않은 주장에 설득이 잘된다.

마케팅에서는 면역 효과를 역이용하는 기법, 즉 발부터 들여놓기 기법(foot-in-the-door technique)과 머리부터 들여놓기 기법(face-in-the-door technique)을 우리가 모르는 사이에 많이 사용한다. '발부터 들려놓기 기법'이란 작은 요구에 응하게 하여 나중에 큰 요구를 들어주게 하는 것인데, 작은 혜택을 계속해서 주면 부담 없이 받게 되고 그러다가 큰 요구를 하면 미안한 마음에 쉽게 거절하지 못하는 심리를 이용한 것이라 할 수 있다. 작은 판촉물을 주면서 관계를 지속하다 결정적인 제품을 사게 만드는 경우, 방 보러 갔을 때 부동산에서 싼 것부터 보여주고 제일 좋은 집 혹은 정말 팔려고 했던 집을 보여주는 경우가 그 예라 할 수 있다. '머리부터 들여놓기 기법'이란 작은 요구를 관철시키기 위해 더 큰 요구를 제시하여 마지막에 작은 요구를 제시하는 것인데, 무리한 부탁을 먼저 해서 나중에 제시한 작은 요구를 관철시키는 방법이다. 어린 아이들이 엄마에게 우선 비싼 것을 사달라고 조르다가 그것이 안 되면 좀 싼 것을 사 달라고 하는 경우, 제품을 판매할 때 처음엔 높은 금액을 제시하다 낮은 금액에 팔리게 하는 경우가 그 예에 해당된다.

  설득을 당하지 않기 위해서는 면역 효과와 이를 역이용하는 기법을 잘 알아야 할 것이다. 그러나 면역을 위한 예방 주사에는 약하게 만든 바이러스를 넣지 병을 일으키는 원균을 넣지 않는다는 짐을 기억할 필요가 있다. 설득심리학에서는 상호 간에 진정성 있게 소통을 하고 대화를 나누는 것이 기본이고 정석이라고 한다. 따라서 자신이 극복한 경험을 곁들여 관련되는 문제에 대해 마음을 터놓고 솔직하고 진실하게 대화를 나누는 것이 중요하다.

도움 요청에 대한 대중적 무관심
방관자 효과 bystander effect

    1964년 3월 13일 새벽 3시 30분경 뉴욕 시에 있는 키티 제노비스(Kitty Genovese)의 아파트 앞에서 한 스토커가 그녀를 무자비하게 칼로 찌르고 죽어가는 그녀를 강간하는 사건이 발생했다. "살려 주세요, 칼에 찔렸어요! 제발 도와주세요!"라고 제노비스는 새벽의 정적 속에서 비명을 질렀다. 많은 이웃이 그녀의 비명을 듣고는 창문을 열고 전등을 밝혔지만 아무도 그녀를 도와주지 않았다. 경찰에 신고한 사람은 단 한 명뿐이었고, 그것도 첫 번째 습격이 끝난 이후에 이루어졌다. 왜 아무도 도와주지 않았을까?

누군가가 도움을 요청할 때 곁에 서서 아무것도 하지 않는 행동 경향성을 방관자 효과(bystander effect)라고 한다. 목격자들은 왜 제노비스를 거리 위에서 홀로 죽게 내버려둔 것일까? 많은 뉴스 해설자들은 제노비스의 살인에 의한 죽음과 이에 못지않은 다른 비극들을 언급하면서 방관자들의 냉담과 무관심에 격노하였다. 사회심리학자인 존 달리와 빕 라타네(John Darley & Bibb Latane, 1968)는 구경꾼들을 비난하는 대신에 이들의 무반응을 중요한 상황 요인, 즉 타인의 존재 탓으로 돌렸다. 이들은 상황이 우리로 하여금 우선 사건에 주목하게 하고, 그것을 긴급 상황으로 해석해야 하며, 도움 행동의 책임을 느낀 다음에, 마지막으로 도울 방법을 선택할 수 있을 때 비로소 도움 행동을 하게 된다고 보았다.

이들에 의하면, 각 단계에서 다른 방관자의 존재는 사람들로 하여금 도움 행동으로 나아가는 길에서 벗어나게 할 수 있다. 즉, 도움이 필요한 사람과 단 둘만 있을 때보다 다른 방관자가 여러 명 존재할 때 도움 행동을 할 가능성이 낮아진다는 것이다. 그래서 제노비스의 비명을 들은 사람들 중 몇몇은 "남들도 다 들을 수 있는데 왜 굳이 내가 도우러 가야 하지?"라고 생각했을 수 있다. 또한 물에 빠진 아이를 구하기 위해 무작정 물에 들어갔다가 오히려 자기가 익사할 수 있다는 생각 때문에 대부분의 사람들은 정확히 어떻게 행동해야 할지 알고 스스로가 도움을 줄 수 있다고 확신하고 있을 때가 아니면 섣불리 도우려고 시도하지 않는다는 것이다. 상황을 책임질 수 있다고 확신하지 못하면 방관자는 사회적 실수를 저지르거나 조롱당할 것이 두려워 혹은 다칠 것이 두려워 한쪽에 비켜서서 머물게 마련이다. 그래서 제노비스의 비명을 들은 사람들 중 몇몇은 "도우려 하다가 내가 죽을 수도 있겠구나." 혹은 "도우려 하다가 내가 웃음거리가 될 수도 있겠구나."라고 생각했을 수 있다. 이처럼 사람들이 홀로 있을 때보다 주위에 사람이 많이 있을 때, 책임감이 분산돼 개인이 느끼는 책임감이 적어져 도와주지 않는 심리 현상을 가리키는 방관자 효과는 구경꾼 효과, 대중적 무관심, 제노비스 신드롬 등으로 불리기도 한다.

  이렇게 목격자는 많지만, 위기를 겪는 상황에서 도움을 받고자 한다면 일단 정신을 바짝 차리고 자신을 지켜보는 사람들 중에서 한 명을 골라서 도움을 요청하는 것이 좋다. 한 명을 지칭하는 대상은 구체적이면 더 좋다고 한다. 그렇게 한 사람이 지목되게 되면, 책임이 한 사람에게 몰리기 때문에 긍정적으로 반응하는 모습을 보일 가능성이 커지게 된다.

긴급전화를 걸어 주고, 사고를 당한 운전자를 도와주고, 헌혈을 하고, 떨어뜨린 책을 집어 주고, 헌금을 하며, 시간을 내주는 등 수많은 상황에서 나타난 행동을 관찰한 결과를 보면, 다음과 같은 때 누군가를 도와줄 가능성이 높다고 한다.

- 피해자가 도움이 필요하고 도움을 받을 만한 것으로 보일 때
- 피해자가 어느 먼에서든 도와술 사람과 유사할 때
- 피해자가 여자일 때
- 피해자가 아는 사람일 때
- 다른 누군가가 도움을 주는 것을 방금 관찰하였을 때
- 바쁘지 않을 때
- 작은 도시나 농촌지역에 있을 때
- 죄책감을 느끼고 있을 때
- 타인에게 주의를 기울이고 다른 생각에 사로잡혀 있지 않을 때

- 기분이 좋을 때(가분 좋은 상태는 상황을 잘 다룰 수 있다는 느낌인 효능감을 줄 수 있기 때문)
- 타인에 대한 공감 능력이 뛰어날 때(공감적인 사람들은 타인의 고통을 느끼고 타인의 염려를 이해하며 도움이 필요하다는 것이 무엇인지를 상상할 수 있기 때문)

 당신은 어떤 조건하에서 다른 사람을 도와주고, 어떤 조건하에서 그냥 지나치고 아무것도 하지 않는가? 방관자 효과는 오늘날 우리의 모습을 보여주고 있다. 옆집에 누가 사는지, 주변에 어떤 일이 벌어지는지에 대한 무관심이 그것이다. 개인주의가 더욱 팽배하고, "목격을 해도 누군가가 도와주겠지.", "내가 아니더라도 다른 사람이 해결해 주겠지."라는 책임의 분산이 확산되고 있으며, 이것이 방관자 효과를 만든다. 학교 폭력의 경우에도 주변 학우들의 방관자 효과가 큰 영향을 미치고 있다고 하지 않는가! 더불어 살아가는 사회 속에서 다른 사람과의 진정한 소통을 이루고 서로가 배려하고 도울 때 우리 사회는 더욱 밝아질 것이다.

자살의 모방과 전염이 증가하는 현상

베르테르 효과 Werther effect

자신들의 삶에 더 이상 의미를 못 느끼고 스스로 목숨을 끊는 사람들이 갈수록 크게 늘고 있고 유명인늘의 자살이 잇따르고 있다. 사람들은 자신이 닮고자 하는 이상형이나 사회에 영향을 미치는 유명인이 자살할 경우에 이후 이와 유사한 방식의 모방 자살(copycat suicide) 혹은 자살 전염(suicide contagion)이 증가하는 현상이 일어나는데, 이를 베르테르 효과(Werther effect)라고 한다. 미국 캘리포니아대학교 사회학자 데이비드 필립스(David P. Phillips) 박사는 20년 동안 미국에서 발생한 자살 통계를 면밀히 분석한 결과, 유명인의 자살 사건이 언론에 보도된 이후 일반인의 자살이 급증

하는 양상을 발견하고 이러한 현상을 독일의 문호 요한 볼프강 폰 괴테(Johann Wolfgang von Goethe)가 1774년에 펴낸 소설『젊은 베르테르의 슬픔(Die Leiden des Jungen Werthers)』에서 주인공 베르테르가 약혼자가 있는 로테라는 여인을 사랑하지만 그녀가 자신의 사랑을 받아들이지 않자 깊은 실의에 빠진 뒤 권총으로 자살하는 내용을 모방한 자살이 전 유럽의 젊은이들로 확산된 것에 비유해 베르테르 효과라고 명명하였다. 당시 자살자들은 소설 속의 베르테르처럼 정장을 하고, 부츠, 파란 코트, 노란 조끼를 착용한 뒤 책상 앞에 앉아 권총 자살을 하는 등 베르테르의 모든 걸 흉내냈다.

유명인이 자살하면 이 사실이 언론에 반복적으로 노출이 되며 자살한 유명인이 자신과 같은 비슷한 어려움에 처해 있는 경우 심리적으로 영향을 더 크게 받을 수 있다. 평소에 우울증 증세를 보이지 않다가도 언론 보도에 자극을 받아 자살 시도를 할 가능성이 있다. 자살한 유명인과 같은 방법으로 자살을 시도하거나 자살을 위해 같은 장소를 찾기도 한다. 록스타 엘비스 프레슬리(Elvis A. Presley)의 죽음 이후 그를 추모하는 자살 행렬이 있었으며, 영화배우 장국영(張國榮)이 투신자살하자 그가 몸을 던진 홍콩의 만다린 오리엔탈 호텔에서 일반인이 목숨을 끊는 경우도 발생했다.

미국 애리조나주립대학교 심리학자 로버트 치알디니(Robert B. Cialdini) 교수는 이러한 베르테르 효과가 나타나는 이유를 사람들이 처해 있  는 상황에서 적절한 행위가 무엇인지를 판단하기 위해 자기와 유사한 처지에 있는 비슷한 사람들이 어떻게 행동하는지를 관찰하고 단서를 삼기 때문이라고 설명했다. 많은 임상심리사들은 베르테르 효과의 가장 큰 원인으로 은폐 집단들을 지적한다. 기자들의 통제되지 않은 보도 행태가 제2, 제3의 자살자들을 양산하고 있다는 것이나. 그와 반대로 자살 사건을 다룰 때 자살예방 프로그램을 보도하면서 '자살하지 말라'는 메시지를 반복적으로 보여 주고, 자살예방센터의 전화번호를 알려 주고, 상담심리사의 면담을 프로그램에 포함하고, 자살을 원하는 청소년들과 젊은이들의 문의에 상담해 주는 전화 서비스를 운영하며 방송국이 서비스하던 지역에서는 베르테르 효과가 거의 나타나지 않았다는 것이다.

따라서 모방 자살을 불러오는 베르테르 효과를 제어하기 위해서는 보다 조심스럽고 윤리적인 언론의 보도 원칙이 요구된다. 보도를 어떻게 하느냐에 따라 이후 자살률에 큰 차이를 보이기 때문에 각 미디어는 파파게노 효과(Papageno effect)를 적극 활용해야 한다. 파파게노 효과란 언론이 자살에 대한 보도를 자제하거나 신중한 보도를 함으로써 자살률을 낮출 수 있다는 긍정적 효과를 뜻하며, 이는 모차르트의 오페라 「마술피리」에 나오는 캐릭터인 파파게노가 연인과의 이루지 못한 사랑을 비관해 자살하려 할 때 요정의 도움으로 죽음의 유혹을 극복하고 연인과 재회한다는 일화에서 유래된 것이다.

우리나라에서는 자살에 대한 올바른 보도를 위해 보건복지부와 중앙자살예방센터, 한국기자협회가 새롭게 개정된 자살 보도 권고기준 3.0을 2018년 7월 31일 발표했다.

새로운 권고기준은 관련 보도 시 준수해야 할 내용을 구체적으로 담고 있다. 이에 따라 자살 관련 보도를 할 때는 기사 제목에 '자살'이나 자살을 의미하는 표현 대신 '사망', '숨지다' 등의 표현을 사용하고 구체적인 방법, 도구, 장소, 동기 등은 보도하지 않을 것을 권고했다. 또 관련된 사진이나 동영상은 모방을 부추길 수 있으므로 유의해 사용하고 행위를 미화하거나 합리화하지 말고 그로 인해 발생하는 부정적인 결과와 예방 정보를 제공하도록 했다.

이와 함께 고인의 인격과 유가족의 사생활을 존중하고, 특히 유명인 관련 보도를 할 때 이 기준은 더욱 엄격하게 준수해야 한다고 강조했다.

  자살은 원인이 어떻든 본인의 선택에 의한 것이다. 남이 자살하는 것을 보고 따라 '자살'할 것이 아니라 '살자'를 선택하도록 생각과 관점을 전환해 보라. '자살'을 거꾸로 읽으면 '살자'가 되듯이 생각과 관점을 바꾸면 세상이 달라져 보이고 인생이 달라지게 된다.

적당한 입장 차이가 설득을 가져온다
상위 효과 discrepancy effect

사회적 존재로서 인간이 살다 보면 나와 생각이 다른 사람을 설득해야 할 때가 있다. 설득이란 나의 주장을 효과적으로 전달하여 상대방으로 하여금 생각을 바꾸게 만들어 내가 의도한 바대로 행동을 이끌어 내는 것이다. 누군가를 설득한다는 것은 이미 그 사람이 가지고 있는 생각과 내가 가지고 있는 생각이 다르기 때문이다. 그 사람과 내가 똑같은 생각을 하고 있다면 설득이라는 것이 필요하지 않을 것이다. 상대방을 설득하기 전에 꼭 알아야 하는 사회심리 용어가 있는데, 바로 상위 효과 혹은 격차 효과(discrepancy effect)라는 것이다. 메시지를 전달하려는 자와 그것을 받아들이는 수신자의 생각이 어느 정도 다를 때까지는 태도 변화량도 증가하지만 지나치게 다를 경우에는 오히려 반발이 일어나 태도 변화량이 감소하는 현상을 상위 효과라고 하며, 이러한 상위 효과가 있으면 설득이나 협상은 결렬되기 쉽다.

다수의 청중을 상대로 강연을 하건 단 둘만의 대화에서건 상대의 주장이 어느 정도 일리가 있다고 판단이 되면 계속 그 주장을 듣게 되고 또 그런가 생각해 보게 되지만, 갑자기 상대방이 너무 공감이 되지 않는 이야기를 한다거나 현재 받아들이기 너무 부담스러운 이야기를 한다거나 내용이 뻔한 이야기를 하면 별다른 공감을 불러일으키지 못한다. 서로 다 알고 있는 내용을 계속 이야기하면 듣는 사람의 십중력이 떨어지고 지루함과 거부감이 생긴다. 폭소를 자아내는 개그를 반복해서 보면 점점 웃음의 강도가 떨어지다가 어느 순간 짜증으로 바뀔 수 있다. 이런 식의 강연이나 대화에선 소통과 공감은커녕 최소한의 의사전달도 어렵게 된다.

청중과 대화 상대방의 귀를 사로잡으려면 이야기의 소재와 전달 방식이 새로워야 한다. 듣는 쪽에선 자신이 모르는 주제나 주장에 아무래도 관심을 더 기울일 수밖에 없다. 구체적인 사례와 신선하고 적절한 비유를 동원하면 메시지의 전달력과 호소력은

더욱 커진다. 남을 설득할 때도 마찬가지인데, 서로의 입장이 어느 정도 달라야 집중력이 커지고 또한 소통의 깊이도 더해진다. 입장이 완전히 똑같다면 설득하고 협상할 것도 없다.

　사회심리학의 커뮤니케이션 이론에선 이를 상위 효과라고 부른다. 어떤 메시지를 전달하려 할 때 그것을 받아들이는 수신자의 생각과 다를수록 전달 내용에 대한 수용 압력이 커지고, 결과적으로 전달의 효과도 커진다는 것이다. 그러나 상호 입장의 격차가 크지 않아야 설득을 하고 협상도 하는 법인데, 그 입장 차이가 너무 벌어진 상태에선 설득이고 협상이고 도무지 먹혀들지 않고 대화가 진척되지 않는다. 워낙 생뚱맞거나 도저히 받아들일 수 없는 지나친 제안은 전달력이 급격히 떨어지기 때문이다. 상대방이 전혀 받아들이지 않고 심지어 전혀 들을 조차도 하지 않는데 일방적으로 자신의 주장을 강요하게 되면 오히려 소통의 단절과 거부감이라는 역효과만 가져올 수 있다. 상위 효과는 남을 설득하려면 상대방의 평소 태도와 정보 수준을 감안해 적당히 차이가 나는 메시지를 던져야 의사소통의 효과를 극대화할 수 있다는 점을 시사한다.

따라서 커뮤니케이션을 할 때 남을 설득하려면 상대방의 태도 및 정보가 파악이 되어 적당한 차이가 있는 정보를 제시해야 효과를 볼 수 있다. 그러기 위해서 상대방의 상황 및 태도를 파악한 후에 그에 맞는 메시지를 전달하여야 한다. 지피지기 백전백승(知彼知己 百戰百勝)이란 말이 있듯이 상대방을 알지 못하고 상대방이 준비가 되어 있지 않은 상태에서 무조건적이고 일방적으로 메시지를 전달하거나 설득 전략을 구사하는 것은 도움이 되지 않는다. 상대방의 생각과 태도, 상황 등을 모두 파악하고 그에 맞는 의견 제시나 주장을 해야지, 신위 효과가 발생하는 대화와 설득은 역효과를 낼 수 있다. 가정과 직장을 비롯한 모든 사회생활에서 전달하려는 메시지가 상대방의 생각과 적당히 달라야지 아주 동떨어져서는 소통과 공감을 불러일으키지 못하며 오히려 반감만 초래할 수 있다는 점을 기억하길 바란다.

근거 없고 악의적인 헛소문이 번지는 이유
수면자 효과 sleeper effect

 회사에서 회의 시간에 홍 대리가 아주 참신하고 기발한 아이디어를 하나 제안했다. 그러나 홍 대리의 상사인 윤 팀장은 이에 전혀 관심을 보이지 않고 무시해 버렸다. 그런데 두 달 정도 지난 후에 지난번과 비슷한 주제로 회의가 열렸다. 회의 중에 윤 팀장이 홍 대리한테 갑자기 좋은 아이디어가 하나 떠올랐다고 하면서, 지난번에 홍 대리가 제안했던 바로 그 아이디어를 꺼내 놓는 것이었다. 이런 황당한 일이 어떻게 일어날 수 있을까?

 두 달의 시간이 지난 후에야 홍 대리의 아이디어가 윤 팀장에게 꽤 매력적인 것으로 지각된 이유는 그 아이디어를 제안한 사람이 홍 대리라는 사실을 잊어버렸기 때문이다. 즉, 윤 팀장의 머릿속에는 신뢰성이 낮은 홍 대리는 지워지고 그가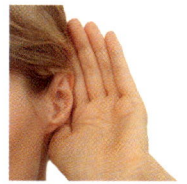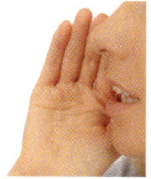
제안한 아이디어의 내용만 남게 된 것이다. 윤 팀장처럼 우리는 누구나 한번쯤 남한테 들은 이야기를 누가 했는지 기억하지 못하고, 그 이야기를 해 줬던 바로 그 사람에게 다시 말한 민망한 경험이 있을 것이다. 이와 관련된 심리학 용어가 수면자 효과(sleeper effect)이다.

미국 예일대학교 사회심리학자 칼 호블랜드(Carl I. Hovland)와 그의 동료들은 1949년 후반 미군에 징집된 사람들을 대상으로 육군에서 만든 제2차 세계대전 당시 연합군을 지지하는 내용의 선전용 영화를 보여 주었다. 그리고 5일이 지난 후와 9주가 지난 후의 태도를 측정했다. 5일이 지난 시점에는 영화를 본 집단이나 안 본 집단이나 태도상에 별 차이가 없었다. 그러나 9주가 지난 후에는 영화를 본 집단이 영화를 안 본 집단보다 연합군에 대해 한결 호의적인 반응을 보였다. 이는 시간이 오래 지나면 출처에 대한 기억이 부실해져서 정보의 신빙성과 상관없이 메시지의 내용만을 기억하게 된 것이고, 이런 과정으로 신빙성이 낮은 정보가 점차 설득력을 얻게 되었기 때문이다. 이에 호블랜드는 신뢰도가 낮은 출처에서 나온 메시지 혹은 동의하는 정도가 낮은 메시지의 설득 효과가 시간이 지남에 따라 감소하는 것이 아니라 오히려 증가하는 현상을 수면자 효과라고 명명하였다.

이처럼 수면자 효과는 처음에는 정보의 출처가 못미더워 메시지를 무시하다가도, 시간이 경과하면서 메시지의 출처는 기억되지 않고 메시지의 내용만 기억되어 신뢰성이 낮은 정보가 점차 설득의 효과를 가지게 되는 것이다. 그래서 과거 다른 사람이 한 말을 어느 정도 시간이 흐른 후 마치 자기 의견인 양 말하게 된다는 것이다. 즉, 시간이 지나면서 메시지의 출처에 대한 기억은 사라지고, 그 메시지에 대한 태도는 긍정적으로 변할 가능성이 있다는 것이다. 이와 같은 현상을 수면자 효과라 부르는 이유는 시간이 경과하면서 정보만 기억에 남고, 정보의 출처 및 정보의 전달원에 대해서는 마치 꿈을 꾼 것처럼 희미해지기 때문이다. 이러한 수면자 효과가 일어나는 원인은 정보의 출처와 정보 자체가 시간이 지나면서 서로 분리되기 때문이며, 또한 인간의 기억이 정보의 내용보다 그 출처를 더 빨리 망각하기 때문이다.

수면자 효과는 우리의 생활 곳곳에서 영향을 미치고 있다. 스스로 생각해 냈다고 여긴 아이디어가 알고 보니 이전에 다른 사람이 말한 것이었던 적이 있을 것이다. 이것이 바로 수면자 효과로 핵심 아이디어만 무의식 속에 저장되고 아이디어를 낸 사람은 잊히면서 벌어진 일이다. 직장이나 학교에서 집단 따돌림이 발생하는 이유 중 하나가 유언비어 때문이다. '누가 그러던데', '어디서 들었는데'와 같은 출처가 명확하지 않은 말들이 금방 사실이 되어 누군가 따돌림을 받는 이유가 되어 있기도 하는데, 이는 수면자 효과가 작용한 것이다.

누군가가 장난삼아 인터넷에 터무니없는 정보를 올려놓는다. 처음에는 사람들이 '에이 설마' 하는 생각으로 반신반의하지만 어느새 이 정보가 퍼져 나가면서 하나의 사실인 양 받아들여지는 경우가 많다. 이것은 바로 수면자 효과로 인해 나타나는 현상이다. 수면자 효과는 '소문은 자고 일어나면 어디서 들었는지 잊어버린다(Rumors go to bed and forget where they heard it).'라는 한 외국의 속담에서 비롯된 이름이기도 하다. 이렇게 거짓 또는 사실과 관련 없는 정보가 망각 과정을 거치면서 정보의 출처는 사라지고 정보만 남아 사실화 되는 것이 수면자 효과인 것이다.

수면자 효과가 가장 많이 활용되는 곳은 광고 분야이다. 광고가 방영된 후 그에 따른 효과가 즉각 발생하는 일은 드물지만, 점차 시간이 지나면서 소비자는 광고에서 보았던 제품의 효과에 대한 긍정적인 메시지만 기억하게 된다. 그래서 소비자는 광고 상품을 사게 되고 기업은 매출로 이어지게 되는 것이다. 선거운동에서 흑색선전을 하는 이유도 수면자 효과와 관련이 있다. 시간이 지나면서 유권자는 흑색선전의 출처는 잊고 머릿속에 입력된 부정적인 내용만 기억하게 되어 상대 후보에 대한 부정적인 이미지를 갖게 될 수 있다.

이와 같이 수면자 효과는 근거 없고 악의적인 헛소문이 우리 사회에 번지는 것을 돕는 작용을 할 수 있다. 차후 거짓 정보가 정정되더라도 해당 정보가 거짓이었음을 곧 잊어버리고 사람들의 기억 속에는 최초의 거짓 정보만이 남게 된다. 게다가 최근 SNS가 급속히 발달하며 누구나 거짓 정보를 양산할 수 있게 되어 이러한 흑색선전이 더욱 남발될 수 있는 현실이다. 그러므로 거짓 정보에 속아 넘어가기 쉬운 요즘, 한 번쯤은 수면자 효과 때문에 속고 있는 것은 아닌지 의심해 보아야 할 것이다. 소문과 루머가 무서운 이유는 출처를 모르기 때문이다. 따라서 사실 여부를 먼저 확인하거나 정확한 출처를 확인하려는 태도가 더욱 중요해진 세상이다.

한편, 수면자 효과는 심리학에서 다음과 같은 의미로 쓰이기도 한다. 우리는 기분이 나쁘거나 화나 났거나 좋지 않은 일을 당했을 때, 잠을 자거나 또는 시간이 지나면 마음이 진정되고 감정이 잠잠해지며 분노나 흥분이 감소되는 것을 느낄 수 있다. 일이 잘 풀리지 않을 때, 잠시 여행을 다녀오거나 바깥공기를 쐬며 산책을 하면 좋은 아이디어가 떠올라 일이 잘 풀리기도 한다. 이렇게 심리적으로 문제가 생겼을 때, 시간이 지나 해결에 이르거나 문제가 해결되지는 않더라도 이성적으로 침착하게 받아들일 수 있는 것을 수면자 효과라고 한다. '일단 화를 피하고 보자'라는 말이 있듯이 불길 같은 감정에 휩싸인 사람과는 아무리 이성적으로 대화를 시도해도 이미 불길에 싸인 감정 때문에 돌아오는 것은 분노의 화살뿐이다. 이땐 일단 자리를 피하고 시간이 흘러 불길이 잠잠해지기를 기다렸다가 나중에 차근차근 일을 풀어 가는 것이 현명하고 지혜로운 처사일 것이다.

웃으면 즐거워지고 찡그리면 화난다
얼굴 피드백 효과 facial feedback effect

인간의 얼굴 표정은 정서를 전달할 뿐만 아니라 그 정서를 증폭시키거나 조절해 준다. 찰스 다윈(Charles R. Darwin)은 1872년에 출간한 그의 저서 『인간과 동물의 정서 표현(The Expression of the Emotions in Man and Animals)』에서 정서의 외현 신호를 자유롭게 표현하는 것은 그 정서를 강렬하게 만들며, 강렬한 몸짓에 굴복한 사람은 자신의 분노를 증가시키게 된다고 주장하였다. 함박웃음을 지어 보라. 이제 찡그려 보라. 그러면 그 차이를 알 수 있을 것이다.

미국 클라크대학교 심리학자 제임스 레어드(James D. Laird)는 실험 참가자들에게 KKK단(Ku Klux Klan : 백인 우월주의를 바탕으로 인종

차별을 내세운 극우 비밀 결사 단체)의 사진을 보여 주면서 사람들의 정서를 살펴보았다. 재미있는 것은 한 번은 그냥 보여 주고, 또 한 번은 눈썹 주름근에 가짜 전기봉을 대서 찡그리게 만든 후에 보여 주었다는 점이다. 그런데 단지 표정을 찡그렸을 뿐인데, 그냥 볼 때보다 사람들이 더 화를 냈다. 반대로 즐겁게 놀고 있는 아이들의 사진을 보여 주면서 동시에 웃는 표정을 만드는 큰광대근을 수축시키자, 그렇게 하지 않았을 때보다 훨씬 즐거워했다.

독일의 사회심리학자 프리츠 슈트라크(Fritz Strak)의 유명한 실험도 있다. 그는 실험 참가자들을 두 그룹으로 나누어, 한 그룹에게는 이로 볼펜을 물게 하였고, 다른 한 그룹에게는 입술로만 볼펜을 물게 한 후 만화를 보여 주었다. 이로 볼펜을 물면 웃고 있는 표정이 되고, 입술로만 볼펜을 물면 토라진 듯 뾰로통하게 입을 내민 표정이 된다. 그랬더니 볼펜을 이로 물어 웃는 표정을 만든 후 만화를 본 사람들이 만화가 훨씬 재미있다고 대답했다.

위의 실험에서처럼 얼굴 근육 상태가 분노, 공포, 행복 등과 대응하는 정서를 촉발하는 경향성을 얼굴 피드백 효과(facial feedback effect)라고 한다. 이러한 얼굴 피드백 효과는 많은 기본 정서에서, 그리고 다양한 시간과 공간에서 반복되어 왔다. 윗니와 아랫니 사이에 펜을 물어서(입술로 물면 안 됨) 미소 근육 중의 하나를 작동시키기만 해도 스트레스 상황을 덜 괴로운 것으로 만들어 준다. 입뿐만 아니라 눈가에 주름이 잡히도록 뺨 근육을 위로 올려야만 만들어지는 진실한 미소는 무엇인가 즐겁거나 재미있는 것에 반응할 때보다 훨씬 더 긍정적인 정서를 만들어 낸다. 따뜻한 미소를 바깥으로 표출하면 내부에서 기분이 좋아진다. 미소를 지을 때는 즐거운 사건을 기술하는 문장들조차 더 빨리 이해하게 된다. 얼굴을 찡그리면 온 세상이 우리를 향해 찡그리게 된다.

우리는 보통 기분 좋을 때 웃는다. 그런데 이런 우리의 믿음과는 달리 "울기 때문에 슬퍼지고, 도망가기 때문에 무서워지며, 웃기 때문에 행복해진다."고 주장한 심리학자가 있다. 바로 미국의 심리학자 윌리엄 제임스(William James)와 덴마크의 심리학자 칼 랑게(Karl Lange)이다. 이 이론은 1884년 제임스가 처음으로 세웠지만 랑게가 1885년에 이와 비슷한 학설을 독립적으로 발표했기 때문에 '제임스-랑게 이론'이라고 한다. 이 이론에 따르면, 인간은 아무 이유 없이 웃다 보면 어느새 즐거워지고 아무 이유 없이 울다 보면 정말로 슬퍼진다고 한다. 이 주장을 현대의 여러 과학적인 실험과 이론들이 뒷받침하고 있는데, 그중 얼굴 피드백 효과가 대표적이다.

얼굴 피드백 효과는 얼굴 표정이 정서에 영향을 미친다는 것이다. 웃으면 즐거워지고 찡그리면 화난다. 따라서 행복하고 싶다면 먼저 얼굴 표정을 바꾸어 보라. 우리의 뇌는 의도적으로 웃는 얼굴을 만들어도 근육의 움직임이 뇌로 전달되어 우리가 웃고 있다고 생각해 그에 맞는 호르몬을 분비시켜 기분을 좋아지게 한다. 웃음은 건강에 도움이 되고 면역력을 높여 주며 스트레스와 우울증을 완화시키는 등의 치유적 효과가 있다. 억지웃음도 진짜 웃음의 90% 효과가 있다고 한다. 웃음보다 더 좋은 화장법은 없다!

얼굴 피드백 효과를 활용하여 보다 공감을 일으킬 수 있다. 자신의 얼굴이 상대방의 표정을 흉내내도록 하라. 실제로 상대방의 정서를 자연스럽게 흉내내는 것은 정서가 전염성을 갖고 있는 이유를 설명해 준다. 페이스북에 긍정적이고 낙관적인 내용의 글과 그림을 게시하는 것은 이미 앞에서 언급한 잔물결 효과를 만들어

내서 페이스북 친구들이 보다 긍정적인 정서를 표현하도록 유도하고, 이러한 동시적인 표정은 유대감을 높이는 데도 도움을 준다. 얼굴 표정을 박탈당하면 정서는 그 자리에서 사라지고 공유할 수 없다.

썰렁한 분위기 탈출법
얼음 깨기 효과 ice breaking effect

아이스 브레이킹(ice breaking)이란 문자 그대로 '얼음 깨기'라는 뜻이다. 심리학에서는 대인관계에서 유머를 구사해서 얼음과 같은 딱딱하고 서먹서먹한, 그리고 서늘하고 차가운 관계를 깨뜨린다는 의미로 사용된다. 아이스 브레이커(ice breaker)는 딱딱하고 서먹서먹한 분위기를 깨버리는 사람 혹은 항상 주변을 밝게 해서 웃음을 주는 사람을 지칭한다. 따라서 아이스 브레이킹 효과(ice breaking effect)는 우리말로 얼음 깨기 효과라고 하며, 이는 인간과 인간과의 관계가 차가울 때 그 차가운 관계와 서먹서먹한 감정을 깨뜨리면 대화가 자유로이 이루어지고 친밀감이 형성되는 현상을 가리킨다. 대인관계에서 얼음을 깨기 위해서 가장 좋은 방법은 서로 부드럽고 솔직하며 진정성 있는 공감적 대화를 나누는 것이다.

  얼음 깨기 효과는 차가운 강의실의 분위기를 전향적으로 바꾸기 위한 교수법의 일환으로, 그리고 레크레이션 활동이나 송년회를 비롯한 각종 모임에서 화기애애한 분위기 조성법으로 많이 이용된다. 명강사는 얼음 깨기에 상당한 시간을 투자하여 강의실의 분위기를 전향적이고 긍정적으로 바꿔 놓는다. 강의가 시작되면 학습자는 강사가 어떤 스타일의 사람인지 궁금해 하고, 강사는 학습자들이 어떤 반응과 태도를 보일지 긴장되고 어색한 감정을 가지고 있어서 강의실의 분위기는 썰렁하게 굳어 있기 십상이다. 학습자와 강사 양쪽이 굳어 있어서는 좋은 강의를 진행하기가 어렵다. 명강사들의 특징을 보면 이러한 어색한 분위기를 저마다의 독특한 기법으로 바꾸어 학습자들이 마음의 문을 열고 강의를 통하여 무엇인가를 배워야겠다는 동기와 흥미를 유발시켜 원하는 목적을 달성하고야 만다. 이처럼 분위기를 부드럽게 하여 학습자들이 강의를 꼭 들어야겠다는 분위기로 만드는 기법이 바로 얼음 깨기이다.

　서로 잘 알지 못하는 사람들끼리 형성된 집단에서 구성원들의 서먹서먹한 감정과 분위기를 깨뜨려야 관계가 원활해지고 집단의 목적을 달성할 수 있기 때문에 각종 모임이나 집회에서 다양한 방법으로 얼음 깨기라는 프로그램을 실시한다. 참가자들끼리 서로 잘 모르는 상태에서 참가한 사람들을 대상으로 각종 세미나와 연수 혹은 모임의 프로그램을 진행할 경우에 마이크를 잡고 진행하는 사회자는 진땀 꽤나 흘릴 수 있다. 또한 참가자들 간에 서로 쑥스럽고 어색하여 자연스럽고 편안한 분위기가 형성되지 못할 수 있다. 이때 여러 가지 게임과 주제와 맥락에 어울리는 내용들을 통해 참가자들의 얼어붙고 닫힌 마음의 문을 녹여 긍정적이고 활동적으로 바꾸어 나가도록 유도하는 것이 바로 얼음 깨기 기법이다.

　여기서 얼음 깨기는 보통 팀 또는 조별로 2인 이상 또는 조별 전체가 참가해서 한 명, 한 명 상대방을 이해하기 위해 노력하는 과정이고, 또한 자기 자신을 상대방에게 이해시키기 위한 과정으로, 닫힌 마음의 문을 활짝 열어 열린 마음으로 적극적이고 능동적으로 참여하게 하는 상호 이해 프로그램인 셈이다. 얼음 깨기 프로그램을 실시할 때 유의해야 할 점은 일부 구성원이 아닌 전원을 대상으로 해야 하고, 자연스럽게 참여를 유도하고 진행을 해야지 오버페이스로 달리면 안 되며, 시간이 길어지면 참가자들이 지루하다는 느낌을 받을 수 있고 시간 낭비라는 생각이 들 수 있기 때문에 가급적 10분 이내로 진행을 하는 것이 좋다. 또한 미리 참가자들의 지위나 분위기, 성격, 성향들을 파악해서 그 특성에 어울리도록 준비를 해야 하며, 교육 및 그 행사의 취지에 맞고 연계성 있는 프로그램으로 아이디어를 접목하면 더욱 좋다.

진행 과정의 도입 부분에서는 자기소개와 간단한 대화 정도로 가볍게 침여할 수 있도록 유도하고, 중간 부분에서는 어떤 주제를 주고 거기에 맞는 대화를 그룹별로 실시할 수 있도록 하고 그룹별 인원수에 맞게 대략 3분 정도의 시간을 준다. 예를 들어, 가족 중 가장 재미있는 사람은 누구인지, 어린 시절 가장 그리운 것은 무엇인지, 자신의 가장 큰 장점은 무엇인지, 자기 자신을 악기(혹은 음식이나 꽃)에 비유한다면 어떤 악기(음식, 꽃)인지 등과 같이 무겁지 않은 질문으로 구성을 하고, 돌아가면서 이야기를 할 수 있도록 진행한다.

우리는 크고 작은 각종 모임에서 강의를 하거나 진행을 맡는 경우가 종종 있다. 긴장되고 경직된 분위기를 부드럽게 하고 청중들의 마음을 열게 하기 위해 얼음 깨기 기법을 익혀 활용해 보자. 그러면 유능하고 멋진 강사와 진행자로 거듭날 수 있을 것이다.

자라 보고 놀란 가슴 솥뚜껑 보고 놀란다
점화 효과 priming effect

 사람들에게 '학교'란 단어를 먼저 보여 주고 'ㅎ'으로 시작하는 단어를 말하라고 하면 '하교'를 떠올릴 가능성이 높다. 마찬가지로 wonderful이라는 단어를 먼저 보여 주고 난 다음 won을 보여 주고 그다음을 채우게 하면 wonderful이라고 대답할 가능성이 미리 제시하지 않은 경우보다 높아진다. 이처럼 시간적으로 먼저 제시된 자극이 나중에 제시된 자극의 처리에 영향을 주는 현상을 점화 효과(priming effect)라고 한다. 즉, 먼저 제시된 점화 단어(priming word)에 의해 나중에 제시된 표적 단어(target word)를 해석하는 데 영향을 받는 현상이다.

아빠가 직장에서 퇴근하고 집에 도착하면 아빠와의 포옹을 예상하고 기대하는 어린 아이는 아빠를 보기도 전에 이미 팔을 움직이기까지 하는데, 이를 심리학적 용어로 점화(priming)라고 한다. 점화란 뇌가 특정한 방식으로 반응하도록 준비되는 과정으로 기억에 저장된 생각을 무의식적으로 활성화시킨다. 특히 두 자극이 같은 종류이거나 의미적으로 연관이 있을 때 점화 효과가 잘 나타난다. 점화 효과는 어떤 판단이나 이해에 도움을 주는 '정적 점화 효과'와 그 반대의 역할을 하는 '부적 점화 효과'를 나타낼 수 있다. 정적 점화 효과는 선택적 주의를 통해 이전에 경험했던 촉진적인 단서에 대해서 반응 속도가 빨라지는 것을 의미한다. 반면, 부적 점화 효과는 이전에 억제했던 단서에 대해서는 반응 속도가 느려지는 것을 의미한다.

2015년 미국 미네소타대학교 심리학자 캐슬린 보스(Kathleen D. Vohs)는 점화 현상을 광범위하게 연구한 결과, 사람들에게 돈에 관한 글을 읽게 하거나 자리에 앉아 여러 종류의 통화가 그려진 포스터를 보게 하는 등 돈과 관련된 이미지를 제시하면 그들이 이기적으로 행동할 확률이 높아진다는 사실을 밝혀냈다. 또한 예일대학교 사회심리학자 존 바그(John A. Bargh)와 그의 동료들은 뉴욕대학교의 재학생들에게 다섯 단어를 조합해서 네 단어로 된 문장을 만들어 보라고 지시했다. 한 그룹의 학생들은 '근심하는, 늙은, 회색의, 감상적인, 현명한, 은퇴한, 주름진, 빙고게임' 등 노인을 묘사한 단어 묶음을 받았다. 실험을 마친 뒤에 연구원들은 이 그룹의 학생들이 복도의 한쪽 끝에서 다른 쪽 끝으로 이동하는 데 걸리는 시간을 몰래 측정했다. 그러자 놀랍게도 노인을 묘사하는 단어로 문장을 만든 학생들은 그렇지 않은 학생들보다 훨씬 더 천천히 복도를 걸어갔다. 이 학생들은 자신에게 주어진 단어가 노인과 관련된 것이라는 것을 무의식적으로 인식했고, 그래서 자기도 모르게 '천천히 걷는다'라는 개념을 행동에도 적용한 것이다.

점화 효과는 무의식적으로 깃들게 된 생각들을 우리가 알지 못하는 사이에 자극하면서 일어나는 것이다. 그런데 점화를 받은 사람들은 이를 전혀 알지 못하며 이에 대해 물어보아도 완강히 부인하는 경향이 있다. 독일에서 가장 재미있는 심리학자이자 늘 함께 활동하는 세계 최초의 심리학 듀오인 폴커 키츠(Volker Kitz)와 마누엘 투쉬(Manuel Tusch)는 이러한 점화 효과를 이용하여 평소 보기만 해도 짜증이 나는 직장 동료와의 관계를 개선시킬 수 있다고 주장한다. 출근하기 전에 '편안하다, 유쾌하다, 재미있다, 예의바르다'

등의 단어들을 되뇌인 다음 직장 동료를 만나는 것이다. 그러면 그를 대할 때의 태도가 조금은 긍정적으로 바뀐 자신을 경험하게 된다는 것이다.
만약에 회사의 대표와 중요한 면담을 앞두고 있고 그 사람이 여자라면, 미인을 상대한다고 생각하고 될 수 있는 한 긍정적 단어들을 많이 말하며 점화를 시키면 그녀가 긍정적으로 상대해 줄 가능성이 커진다는 것이다.

점화 효과는 단어에만 국한되는 것은 아니라 무의식적으로 행동이나 감정에도 영향을 끼친다. 즉, 스스로 인식하지 못한 상태에서 먼저 경험했던 어떠한 것이 다음에 할 행동에 영향을 끼칠 수 있다. 사람들이 궁궐이나 호롱불 혹은 원시시대와 같은 옛날과 희미하게 연관이 있는 단어를 읽고 나면 이 단어를 읽기 전보다 걸음걸이가 느려지거나, 무례함이나 짜증 혹은 분노와 같은 공격성과 연관이 있는 단어를 읽고 나면 읽기 전보다 다른 사람의 말을 도중에 끊는 등 더 공격적이고 급하게 바뀌게 되거나, 시험 전에 높은 성적을 받는 것에 대해 이야기를 하면 이 이야기를 듣기 전보다 더 집중한다면, 이 모두가 점화 효과에 따른 작용인 것이다.

'자라 보고 놀란 가슴 솥뚜껑 보고 놀란다'는 속담도 점화 효과의 예라고 할 수 있다. 심리적으로 자라와 연관된 동물이나 생김새가 비슷한 물체가 다른 것들에 비해 더 빨리 지각되고, 두려움의 감정까지 유발시키게 된다. 이는 동일한 모양에 의한 시각적인 점화 효과가 나타난 것이다.

실생활에 적용한 점화 효과의 대표적인 사례는 C콜라 광고에서 볼 수 있다. C콜라는 '뉴스 후 광고 금지'라는 정책을 고수하고 있다. 뉴스는 사회적으로 심각하고 부정적인 일을 많이 보도하기 때문에 프로그램이 끝나면 시청자늘도 무겁고 심각한 심리 상태에 놓이게 된다. 더욱이 콜라는 탄산음료로서 당분이 높아 제품 자체가 부정적인 이미지를 가지고 있다. 이미 부정적인 내용을 본 시청자들이 C콜라 광고를 보면 더욱더 거부감을 가질 수 있기 때문에 뉴스 후에는 광고를 금지한다는 것이다.

점화 효과에 비추어 보면, 태교(胎教)를 하는 임산부처럼 가급적 좋은 생각만 하면서 사는 것을 일상화한다면 좋은 결과가 양산될 것이다.

첫인상은 쉽게 바뀌지 않는다

초두 효과 primacy effect

우리는 매일 여러 사람을 만나면서 그때마다 만나는 사람의 대면적 속성에 대해 판단하고, 그 판단에 기초하여 그 사람의 행동을 예측하고 자신의 행동을 결정한다. 이와 같이 다른 사람의 속성에 대한 지각은 대인행동을 결정하는 매우 중요한 심리적 요인으로서, 사회심리학에서는 이를 대인지각이라고 일컫는다. 대인지각에 있어서 가장 먼저 일어나는 일은 상대방에 대한 첫인상을 형성하는 일이다. 우리는 상대방의 몸의 제스처, 몸의 자세, 타인과의 공간적 거리 등과 같은 다양한 비언어적 단서를 보고 인상을 형성한다. 예를 들어, 몸의 움직임이 빠르고 민첩한 사람에 대해서는 성격이 급하고 감정
표현을 잘하며 일처리도 능숙
한 사람일 것이라는 인상을
갖는 반면, 천천히 움직이는
사람에 대해서는 성격이 느긋
하고 감정표현을 잘 하지 않는 신중한 사람일 것이라는 인상을 갖기 쉽다.

이와 같이 첫눈에 들어오는 상대방의 생김새나 복장, 표정이나 말투, 몸의 움직임 등 극히 제한된 정보로 첫인상이 형성되지만, 이렇게 형성된 첫인상은 좀처럼 바꾸기가 쉽지 않다. 첫인상을 쉽게 바꾸기 힘들고 첫인상이 지속되는 이유는 정보처리 과정에서 먼저 접한 정보가 나중에 접하는 정보보다 최종적인 인상 형성에 더 중요하게 작용하기 때문인데, 이런 현상을 초두 효과(primacy effect)라고 한다.

폴란드계 미국인 게슈탈트 심리학자이자 사회심리학의 선구자였던 솔로몬 애쉬(Solomon E. Asch)는 간단한 실험을 통해 초두 효과가 매우 보편적인 현상임을 밝혀냈다. 그는 두 그룹의 사람들에게 어떤 인물에 대한 성격을 여섯 가지 특성으로 설명해 주었다.

두 그룹은 모두 같은 내용을 들었지만, 그 순서는 다음과 같이 거꾸로 해서 제시되었다.

A그룹 : 똑똑하다 → 부지런하다 → 충동적이다 → 비판적이다 → 고집스럽다 → 질투심이 많다

B그룹 : 질투심이 많다 → 고집스럽다 → 비판적이다 → 충동적이다 → 똑똑하다

그 후 실험 참가자들에게 조금 전에 들었던 사람에 대한 인상을 평가하게 했더니 A그룹은 그 인물에 대해서 긍정적인 인상을 형성한 반면, B그룹은 부정적인 인상을 형성하였다. 다시 말해서, 긍정적인 내용을 먼저 들었던 A그룹의 사람들이 부정적인 내용을 먼저 들었던 B그룹의 사람들에 비해 소개받은 인물에 대해 훨씬 더 긍정적으로 평가했다. 이런 결과는 먼저 접하는 정보가 나중에 접하는 정보보다 인상 형성에 더 중요한 역할을 한다는 것을 보여 주는 것이다. 이런 초두 효과가 나타나는 이유는 먼저 접하는 정보에 근거하여 일단 인상을 형성하게 되면 나중에 접하는 정보는 그 인상에 일치하도록 받아들여지기 때문이고, 또한 처음 제시되

는 정보에 대해서 더 많은 주의를 기울이는 반면 나중에 들어오는 정보에 대해서는 주의를 덜 기울이기 때문이라고 한다.

이처럼 우리는 누군가를 처음 만나면 그 사람의 특성에 관해 빠르게 인상을 형성하는 경향이 있고, 그 사람의 행동이나 옷차림 또는 일반적인 습관 등으로 그 사람의 특성을 추론한다. 그런 다음에는 그 인상을 그 사람의 행동을 해석할 때 정신적 틀 혹은 인물 도식으로 사용한다. 따라서 처음 만났을 때 상대방이 속물처럼 행동했다면, 다음에 만났을 때도 속물처럼 행동할 것으로 예상한다. 이후 그의 행동이 처음에 형성된 도식과 일치하지 않을 경우에도 상황이나 외적 요인으로 인한 예외적 행동으로 해석하기 쉽다. 상대방과의 지속적인 상호작용을 통해 반대 증거들이 많이 나온다면 나중에 가서는 인상을 바꿀 수도 있겠지만, 첫인상은 대체로 쉽게 바뀌지 않는다.

어떻게 하면 보다 최근의 인상에 더 주의를 기울일 수 있을까? 한 가지 방법은 사람들을 처음 만날 때 성급한 판단을 피하는 것이다. 즉, 좀더 잘 알 수 있을 때까지 판단을 유보하는 것이다. 또 다른 방법은 그 사람의 최근 행동에 더 주의를 기울이는 것이다. 가장 최근의 인상이 그 사람에 대한 도식 형성을 주도하는 현상을 최신 효과(recency effect)라고 한다. 첫인상이 지속되는 경향이 있는 것은 사실이지만 그렇다고 절대불변은 아니다. 상대방에 대해 가지고 있는 첫인상이 그의 본모습을 포착한 것인가 아니면 그의 일시적 행동만 본 것일까? 사람들은 항상 최고의 모습일 수는 없다. 한 번의 대면을 바탕으로 누군가에 대해 절대불변의 도식을 만들지 말고, 그에 대한 새로운 정보와 모든 증거에 주의를 기울일 필요가 있다.

한편, 초두 효과와 함께 이미지 메이킹, 대인관계, 심리 효과 등을 이야기할 때 주로 등장하는 말이 빈발 효과(frequency effect)이다. 빈발 효과는 첫인상이 좋지 않았더라도 첫인상과 달리 반복해서 진지하고 솔직한 모습을 보여 주면 좋은 인상으로 점차 바뀔 수 있다는 것이다. 하지만 한번 심어진 인상은 쉽게 바뀌지 않기 때문에 처음부터 좋은 인상을 심어 주는 것이 필요하다. 아울러 끝까지 긍정적인 이미지를 가져가기 위해 일관성을 유지하는 노력도 있어야 한다.

의사소통을 왜곡하는 자기방어

침묵 효과 mum effect

1986년 1월 28일 미국항공우주국(NASA)에서 우주 왕복선 챌린저호가 발사된 지 73초 만에 공중 폭발한 참남한 비극이 발생하였다. 대통령직속위원회의 중책을 맡아 사고의 원인을 분석한 노벨 물리학상 수상자인 리처드 파인만(Richard P. Feynman)은 로켓 부스터와 연료 탱크의 결합부에 있는 고무패킹과 같은 오링(O-ring)이 극심한 온도 변화로 인해 얼어버려 제 기능을 다하지 못한 기술적 이유와 함께 발사 전 오링 담당 기술자가 발사를 취소하거나 일정을 조정해 달라고 두 번이나 요청했음에도 불구하고 NASA의 상급 관리자들이 그의 말을 무시하고 발사를 허가한 때문이라고 보았다.

파인만은 NASA의 실무 연구진들은 우주선 엔진이 폭발할 확률을 2백분의 1 내지 300분의 1 정도로 계산하고 있었으나, 의사결정을 하는 상급 관리자들은 10만분의 1 정도로 낮게 생각하고 있었다는 것을 조사결과 알게 되었다. 이처럼 NASA 연구원들보다도 상급 관리자들이 우주선의 엔진이 폭발할 위험성을 훨씬 낮게 보았던 것이다. 그래서 실제로 폭발 확률이 낮지 않았음에도 침묵하는 조직문화로 인해 부정적 정보가 위로 전달되지 않았고, 상급 관리자들은 그 위험성을 제대로 알지 못했기 때문에 그와 같은 사고가 발생한 것이라는 원인 분석이다.

이 로켓 폭발사고에서 알 수 있듯이 조직 내에서 구성원들 간에 소통이 없는 커뮤니케이션은 서로 자기방어적인 방향으로 의사소통을 왜곡시키며, 상급 관리자들의 자기방어적인 성향은 더욱 심해서 하급관리 직원들은 의사결정에 필요한 정보를 말해 봤자 소용없을 것이라면서 스스로 입을 다물게 된다. 이와 관련된 심리학 용어로 침묵 효과 혹은 함묵 효과(mum effect)라는 것이 있다. 이것은 조직의 계층 구조상 아래에서 위로 정보가 올라가면서 부정적인 정보는 걸러지고 긍정적인 정보만 전달되는 현상, 즉 나쁜 소식에 입을 다물고 그 나쁜 소식을 전달하지 않으려는 현상을 말한다.

이러한 침묵 효과가 존재할 경우, 아래 계층이나 일선 현장에서 발생하는 생생한 정보가 위 계층으로 제대로 전달되지 않아 조직 운영이나 의사결정에 치명적으로 부정적인 영향을 미칠 수 있다. 그러면 왜 이러한 침묵 효과가 발생하는 걸까?

첫째, 질책에 대한 두려움 때문이다. 구성원들은 솔직하게 좋지 않은 정보를 전달하면 상급자에게 혼날 것이라고 생각하여 의도적으로 부정적 정보를 보고하지 않는다는 것이다. 다시 말해서, 부정적 정보를 들은 사람은 그 정보를 전달한 사람을 문제의 원인이나 당사자로 인식하여 좋지 않은 감정을 느끼거나 질책할 수 있다고 생각하기 때문이다.

둘째, 상급자의 의도적인 거부 심리 때문이다. 흔히 사람들은 평소 자신이 생각하던 것과 다른 사실, 즉 진실을 접할 경우 심리적으로 매우 혼란함을 느낀다고 한다. 그래서 지금까지 자신이 알고 있던 것 외의 사실에 대해서는 의도적으로 배척할 가능성이 있다. 특히, 좋은 정보는 그냥 듣고 지나가면 그만이지만 부정적 정보는 이를 개선하기 위한 후속 대응 작업을 요구하기 때문에 의도적으로 '아닐 거야…'라고 생각하게 된다.

셋째, 불편해지는 대인관계에 대한 우려 때문이다. 주변 사람들에게 부정적인 정보를 전달할 경우에 다소 편견을 가진 사람, 남을 배려하지 않는 사람, 또는 무능력한 사람으로 인식되어 대인관계가 불편해지지 않을까 하는 걱정 때문에 침묵할 수 있다. 특히, 알려 주는 정보가 자신의 무능력을 나타낸다고 여길 경우 매출 부진이나 실패한 데이터 등 부정적 정보는 잘 보고하지 않는 경향이 있다.

그렇다면 침묵하는 조직의 벽을 어떻게 허물 수 있을까? 무엇보다도 상급자로서의 권위주의 의식을 내려놓아야 한다. 상급자는 '내가 하는 생각과 말이 최선이다.'라는 자만심과 '그래도, 내가 상급자인데…'라는 권위의식을 버리고, 문제의식을 가지고 있는 구성원들의 의견에 적극적으로 경청하는 자세를 갖는 것이 중요하다. 조직 내의 좋은 정보뿐만 아니라 부정적인 정보까지도 생생하게 귀담아들을 수 있고 건의를 수용할 수 있어야 한다.

그리고 열린 자세의 건강한 커뮤니케이션 문화를 만들어 가는 것도 필요하다. 상급자가 주재하는 회의에서 구성원들은 조용히 받아 적기만 하는 것이 아니라 팀을 중심으로 활발하게 의견을 개진하고 상급자와도 수평적으로 소통할 수 있어야 한다. 좋지 않은 정보를 은폐함으로써 그 순간의 위기를 모면하면 잘못에 대한 질책이나 불편한 대인관계를 일시적으로 회피할 수는 있을 것이다. 그러나 이러한 부정적 정보의 은폐로 더 큰 문제가 발생하게 된다면 장기적으로는 조직과 개인 모두에게 득이 되지 않을 것이다. 따라서 조직과 개인을 위해 꼭 필요한 정보라면 솔직하게 전달하고 수렴하며, 진지한 대화를 통해 조직의 리스크를 줄이며 바람직한 방향으로 발전해 가는 소통의 열린 커뮤니케이션 문화를 만들어 가야 할 것이다.

개인의 입장에서 보면 조직의 한 구성원으로서 침묵하지 말고 입을 여는 용기가 있어야 한다. 전국시대 한비자(韓非子)는 일찍이 군주는 신하들이 의견을 낸 것에 대해서는 물론 의견을 말하지 않은 데 대해서도 책임을 지워야 한다고 했다. 발언에 대해서뿐만 아니라 침묵에 대해서도 책임을 물어야 한다는 것이다. 직위를 차지하고 있으면서 민감한 사안을 두고서 아무런 의견을 내지 않는 것은 그 자체로 무책임한 행위라는 지적이다. 잘못된 것을 알면서도 입을 열지 않고 침묵하는 것은 개인과 조직 모두에게 치명적인 독이 될 수 있다. 예스맨(yes man)과 이보다 더한 노드맨(nod man, 고개 끄덕이는 사람)이 되지 말아야 하는 까닭이다.

사람의 일부 특성을 보고 전체를 평가하는 경향

후광 효과 halo effect

우리는 누군가의 특성에 대한 여러 가지 정보를 접할 때 모든 정보를 똑같이 중요시하지 않는 경향이 있다. 그러한 정보 중에는 전체인상을 좌우하는 중요한 정보가 있다. 이렇게 전체인상을 형성하는 데 큰 비중을 차지하는 특성을 핵심 특성(central trait)이라고 부른다. 특히 인상 형성에 있어서 '좋다-나쁘다'의 평가 차원이 중요한 역할을 하듯이 '좋은 사람' 또는 '나쁜 사람'이라는 평가 정보가 중요한 핵심 특성을 이루는 경우가 많다.

어떤 사람에 대해서 '좋은 사람'이라는 평을 들으면 그 사람이 잘 생기고 똑똑하며 예의가 바를 것이라는 예상을 하게 된다. 이

처럼 어떤 사람에 대해 좋은 사람이라는 인상을 형성하면 다른 긍정적 특성을 모두 가지고 있을 것이라고 평가하는 경향이 있는데, 이를 심리학에서는 후광 효과 혹은 광배 효과(halo effect)라고 한다. 사실 이러한 특성들은 서로 관련성이 없지만, 사람들은 좋은 속성들은 좋은 속성들끼리 그리고 나쁜 속성은 나쁜 속성들끼리 모여 있다고 믿기 때문에 이러한 후광 효과가 나타나는 것이다.

후광 효과는 일반적으로 어떤 사물이나 사람에 대해 평가를 할 때 그 일부의 긍정적 혹은 부정적 특성에 주목해 전체적인 평가에 영향을 주어 대상에 대한 객관적이지 못한 판단을 하게 되는 인간의 심리적 특성을 가리키는 것으로, 일종의 '사회적 지각의 오류'라고 할 수 있는 현상이다. 측정 및 평가 분야에서는 후광 효과를 한 개인이나 대상에 대한 일반적인 인상이 그 사람이나 대상의 다양한 특성에 대한 평가에 영향을 미치는 경향, 혹은 개인이나 대상이 가지고 있는 하나의 현저한 특성에 대한 평가가 그 사람이나 대상의 다른 덜 현저한 특성들에 대한 평가에 영향을 미치는 평가

자의 경향으로 정의하며, 특정 사람이나 대상이 갖는 개념적으로 명확하고 독립적인 특성들을 구분하지 못하는 '평가자의 오류'로서 규정한다.

후광 효과는 인간관계에서 사람에 대한 평가를 할 때 특히 두드러진다. 처음 보는 사람을 평가할 때 몇 초 안에 첫인상이 모든 것을 좌우한다고 할 수 있다. 첫인상이 좋으면 이후에 발견되는 단점은 작게 느껴지지만, 첫인상이 좋지 않으면 그의 어떠한 장점도 눈에 들어오지 않는 경우가 많다. 면접관들이 면접자들을 평가할 때 그들의 부분적인 특성인 외모나 용모, 인상 등을 보고 회사 업무에 잘 적응할 만한 사람이라고 판단하는 경우 후광 효과가 작용했다고 할 수 있다. 소비자들이 고가의 명품 상품이나 인기 브랜드의 상품을 판단할 때 대상의 품질이나 디자인이 다른 브랜드의 상품들에 비해 우수할 것이라고 생각하는 경우에도 역시 후광 효과가 작용한 결과라고 볼 수 있다. 브랜드의 명성이라는 일부에 대한 특성이 품질이나 디자인 등 대상의 전체적인 평가에까지 영향을 준 것이다.

후광 효과는 대체로 마케팅 분야에서 많이 활용된다. 예를 들어, 여러 기업과 광고업계에서는 대부분 대중에게 평판이 좋은 연예인을 광고 모델로 선호한다. 연예계에서도 성실함, 호감적 성품으로 대중에게 평판이 나 있는 연예인을 광고 모델로 사용할 때 기업은 높은 효과를 창출할 수 있다. 소비자들은 제품을 직접 써보지 않았음에도 불구하고 연예인에 대한 기존의 호감이 제품에 대한 긍정적인 신뢰로 이어지기 때문이다. 후광 효과와 관련하여 개인의 부정적인 특성 하나가 그 사람의 다른 면을 평가하는데 부정적인 영향을 미치는 것을 악마 효과(devil effect)라고 부른다. 후광 효과와 악마 효과를 염두에 두면, 다른 사람들에게 호감을 줄 수 있도록 평소 옷차림이나 외모를 단정하게 하고 행실을 바르게 해야 할 필요가 있다.

용의 꼬리보다 뱀의 머리가 되는 게 낫다
큰 물고기-작은 연못 효과 big-fish-little-pond effect

 우리 속담에 '용의 꼬리가 되기보다 뱀의 머리가 되는 게 낫다.', '쇠꼬리보다 닭대가리가 낫다.'는 말이 있다. 이는 크고 훌륭한 자의 뒤를 쫓아다니는 것보다 차라리 작고 보잘것없는 것이라도 남의 우두머리가 낫다는 것을 표현한 것이다. 이에 해당하는 개념이 바로 큰 물고기-작은 연못 효과(big-fish-little-pond effect)인데, 어째서 용의 꼬리보다 뱀의 머리가 낫고, 쇠꼬리보다 닭대가리가 더 나은 것일까?

 큰 물고기-작은 연못 효과는 영국 옥스퍼드대학교의 교육심리학자 허버트 마시(Herbert W. Marsh)가 만든 말로, 학생의 자아개념

(self-concept)이 동료 학생들의 능력과 부적인 상관관계를 맺고 있다는 가설에서 출발하였으며, 특히 자신감이 떨어지는 학생들에게 큰 효과를 발휘하는 것으로 알려져 있다. 예를 들어, 자신감이 약한 학생은 높은 성과를 보이는 학생들 사이에 있는 것보다 보통 성과를 나타내는 학생들 사이에 있을 때 오히려 자신감이 올라가 좋은 성과를 낼 수 있다는 것이다. 이처럼 교육 현장에서 상대적 박탈감을 느끼는 현상, 혹은 자신이 속한 사회나 조직의 위치에 따라 성과나 만족감이 달라질 수 있는 현상을 큰 물고기-작은 연못 효과라고 한다. 큰 연못은 정말로 뛰어난 학생들을 데려가서는 이들의 기를 꺾어버리는 반면, 작은 연못은 원하는 무엇이든 할 수 있는 기회를 극대화할 수 있는 곳이 될 수 있다는 것이다.

이반 아레귄-토프트(Ivan Arreguin-Toft)의 저서 『약자가 전쟁에서 승리하는 법(How the Weak Win Wars)』을 읽고 이에 자극을 받아 『다윗과 골리앗 : 강자를 이기는 약자의 기술(David and Goliath: Underdogs, Misfits, and the Art of Battling Giants)』이란 책을 출간했던 맬컴 글래드웰(Malcolm Gladwell)은 성적이 우수한 집단의 학생들은 만약 성적이 보통인 집단에 속해 있었더라면 최상위에 있고 어떤 교과목을 마스터했다고 느낄 텐데, 성적이 우수한 집단에 속함으로써 자신의 학업 능력에 대해 더 나쁘게 느끼고, 점점 더 뒤처지고 있다고 느끼며, 쉽게 바닥으로 떨어질 수 있다고 주장하였다. 그리고 교실이라는  맥락 안에서 자신의 능력을 느끼고 지각하는 방식, 즉 학업적 자아개념(academic self-concept)이 도전에 대처하고 어려운 문제를 끝까지 해결하려는 자신감과 동기 형성에 매우 중요한 요소이기 때문에 아무리 주관적이면서 어리석고 비이성적이라고 할지라도 그런 느낌은 중요한 효과를 가진다고 강조하였다. 다시 말해, 작은 연못에서 큰 물고기로 지낼 수 있는 물고기들이 더 넓은 연못에서 자기보다 큰 물고기를 만난 뒤 자신을 왜소하게 느끼는 것처럼 상위권 학교일수록 학생들은 자신의 능력에 대해 열등감을 갖게 되고 보통 학교에서는 최상위에 있을 학생들이 바닥으로 떨어져 자신감을 잃은 채 힘겹게 지내게 된다는 것이다. 결국 학생이 얼마나 똑똑한가가 아니라 같은 학교나 교실 안의 학생들과 비교해 자신이 얼마나 똑똑하다고 느끼느냐가 중요한 것이다.

 이와 관련하여 싱가포르대학교 공지에 교수는 영국 프로축구의 상위 리그에서 아쉽게 탈락한 팀과 겨우 턱걸이한 팀에 소속된 선수들의 이후 10년 경력을 비교하였다. 영국 프로축구 구단은 최고 수준을 자랑하는 프리미어 리그부터 여러 단계의 하위 리그가 있어 리그별로 치열한 경쟁을 벌이는데, 프리미어 리그에서는 매년 성적이 나쁜 세 팀은 하위 리그로 전출하게 되고, 하위 리그 중 세 팀은 상위 리그로 진입하게 된다. 따라서 프리미어 리그의 3등과 4등은 간발의 차이이기 때문에 이 두 팀은 사실상 실력이 같은 수준으로 보아도 무방하다. 그런데 이 두 팀 중 매년 전출되거나 새로 영입하는 선수를 제외하고 남아있는 선수들의 10년 후 경력을 보면, 하위 리그로 강등된 팀에 남아 있는 선수들은 겨우 턱걸이한 팀에 소속된 선수보다 이후 10년 동안 상위 팀으로 영입될 확률이 높아지고 연봉도 30~50%나 높아지는 것으로 나타났다. 이는 팀이 하위 리그로 전출되는 것이 소속 선수들에게는 오히려 출장 기회를 늘려줘 경험을 쌓고 실력을 향상시키는 기회가 된 것이다. 그러나 이런 결과는 오직 24세 이하 젊은 선수들에게만 나타났고, 25세 이상으로 다소 나이가 많은 선수들은 팀이 하위 리그로 전락할 때 오히려 상위 리그로 옮겨갈 기회가 줄어들고 연봉도 더 낮아졌다.

이 연구 결과는 나이가 젊을수록 큰 연못의 작은 물고기가 되기보다는 작은 연못의 큰 물고기가 되는 것이 더 낫다는 것을 시사한다. 큰 기업일수록 신입 사원에서부터 독자적으로 의사결정을 할 수 있는 지위에 오르기까지 오랜 세월을 기다려야 한다. 이는 마치 프리미어 리그 팀에 들어가 벤치만 지키는 선수와 유사하다. 이런 면에 비추어 보면, 큰 조직의 말단에서 허드렛일만 하면 실무 능력이 떨어져서 장기적으로 성장할 가능성이 낮아질 수 있기 때문에 오히려 작은 조직에서 풍부한 실전 경험을 쌓는 것이 장기적인 경력 관리에 유리할 수도 있다.

사람은 한양으로, 말은 제주도로 보내라는 옛말이 있다. 큰물에서 놀아야 안목도 높아지고 배울 것이 많다는 말이다. 그래서 그런지 사람들은 여전히 큰 연못을 선호한다. 젊은 인재들은 수도권의 직장을 선호하고 지방에 있는 직장을 기피하며, 대기업만 치열한 취업 경쟁이 일어나고 중소기업은 인재난을 겪고 있다. 과연 큰 연못의 작은 물고기가 되는 것이 좋을까? 아니면 작은 연못의 큰 물고기가 되는 것이 좋을까? 이 물음에 대한 답은 사람들의 생각에 따라 다르고 경험 사례에 따라 다르기 때문에 옳고 그른 답은 없다. 하지만 "사람은 큰물에서 놀아야 한다."는 속설을 무조건 받아들이기보다는 큰 물고기-작은 연못 효과에 비추어 재고해 볼 필요가 있다. 우두머리가 되어야 하겠다고 분에 넘치는 욕심을 내다가 낭패를 보는 경우가 많기 때문이고, 또한 젊은이들이 취업하기가 매우 어렵다고 말하면서 건실한 중소기업까지 외면하는 것은 작은 우두머리라도 되는 것을 포기하는 것이기 때문이다. 큰 연못은 대가가 너무 클 수 있고, 작은 연못은 원하는 무엇이든 할 수 있는 기회를 극대화할 수 있으므로 연못 크기를 따지기보다는 자신이 어떤 물고기인가를 냉정히 생각해보고 어디가 더 마음에 드는가를 살펴보아야 할 것이다.

사회환경에 따라 지능도 빠른 속도로 변화한다
플린 효과 Flynn effect

1905년 프랑스의 알프레드 비네(Alfred Binet)에 의해 처음으로 지능검사가 제작된 이후 지능의 측정과 발달에 대한 연구가 활발히 수행되었다. 미국 육군에서는 제1차 세계대전이 일어나자 참전할 군인을 선발하는 데 지능검사를 활용했다. 당시 백인 신병 지원자가 흑인 신병 지원자보다 지능지수(IQ)가 평균 15점 정도 높게 나왔다. 일부 학자들은 그 결과를 인종학적인 관점으로 보면서 우생학의 증거라고 여겼다.

1980년대 초반 뉴질랜드 오타고대학교 정치학자이자 지능 연구자인 제임스 플린(James R. Flynn) 교수는 흑인이 백인보다 선천

J. R. Flynn(1934~)

적으로 열등하다는 주장을 반박하기 위해, 그리고 '우리는 과연 과거 세대보다 똑똑할까?'라는 자신이 갖고 있는 궁금증을 해결하기 위해 국가별 지능지수의 변동 추세를 조사했다. 미국의 신병 지원자들의 지능검사 결과를 분석해 신병들의 평균 IQ가 백인 신병이건 흑인 신병이건 10년마다 3점씩 올라간다는 사실을 발견했으며, 1987년 유럽, 호주, 뉴질랜드, 일본 등 14개국으로 대상을 확대 실시한 조사에서도 비슷한 결과를 얻었다. 벨기에, 네덜란드, 이스라엘에서는 한 세대, 즉 30년 만에 IQ가 평균 20점이 올랐고, 13개국 이상의 개발도상국에서도 10년 간 IQ가 평균 5~25점 증가하여 그 증가 속도가 더 빠르다는 것을 확인했다. 그래서 플린은 20세기부터 전 세계에 걸쳐 지속적이고 장기적으로 관측되는 지능지수가 상승한다고 주장하였고, 이처럼 세대가 진행될수록 지능검사 점수가 높아지는 현상을 그의 이름을 따서 학계에서는 플린 효과(Flynn effect)라고 명명하였다.

그러나 플린 효과의 핵심인 'IQ의 증가가 실제적인 지적 능력

향상인가?' 하는 점에선 전문가들 사이에서 의견이 엇갈렸다. 플린은 데이터를 보다 자세하게 분석한 결과, 실제로 상승한 것은 도형 해독력과 같은 시각 정보를 처리하는 능력에 국한되고, 오히려 단어 사용과 관련된 언어 능력은 점점 저하되고 있음을 발견하였다. 그리하여 플린은 지능지수의 증가가 지적 능력의 발달에서 기인한다기보다는 정신적 활동을 점점 더 많이 요구하는 현 사회 현상의 반영이라고 결론을 내렸다. 이와 유사하게 2006년 영국 런던대학교 응용심리학과 마이클 셰이어(Michael Shayer) 교수가 발표한 연구 결과에서도 요즘 아이들이 15년 전의 아이들에 비해 IQ는 더 높지만, 개념이나 사고 문제를 해결하는 인지능력은 오히려 떨어진 것으로 밝혀졌다.

전문가들은 이러한 현상의 요인으로 영화와 TV와 같은 대중매체의 발전, 인터넷과 컴퓨터 게임, 교육의 확대, 의학 발전과 영양의 질적 성장을 꼽고 있으며, 세대에 걸쳐 환경이 변화한 결과로 인해 지능검사 점수가 높아진 것이라고 주장한다. 즉, 현 세대들이 과거 세대들보다 다양한 매체의 발달과 인터넷 및 컴퓨터 게임의 보급으로 인해 시각 정보를 처리하는 속도가 빨라지고, 교육의 기회 확대와 교육의 질 향상으로 인해 문제를 해결하는 능력이 향

상되었으며, 의학 발전과 영양의 질적 성장에 따른 건강한 생활환경으로 말미암아 뇌기능이 향상되었기 때문에 그 결과로 지능지수가 상승되었을 것이라는 게 전문가의 의견이다. 일부 학자들은 반복해서 실시한 지능검사의 연습 효과도 영향을 미쳤을 것이라고 보고 있다.

그러므로 플린 효과는 단순하게 보면 이전 세대에 비해 새로운 세대가 더 똑똑해지는 것 같아 보이는 현상이지만, 자세히 들여다보면 지능지수가 고르게 성장한 것이 아닌 특정 부분만 좋아지는 것이며 또한 새로운 세대들이 놀며 자라나는 환경이 지능검사에서 측정하고 있는 것을 해결하는 데 유리할 따름이다. 즉, 플린 효과는 지능지수의 상승을 의미하는 것이지 실질적인 지능의 향상을 의미하는 것은 아니다. 이처럼 플린 효과의 진정한 의미는 인류 세대가 거듭될수록 더 똑똑해지는 것이 아닌 적응해야 하는 사회환경에 따라 지능도 빠른 속도로 변화한다고 볼 수 있다.

지능검사는 사람의 다양한 능력 가운데 일부만을 측정할 뿐이며, 더구나 요즘은 IQ가 생물학적으로 결정되기보다는 노력과 교육을 통해 얼마든지 변화할 수 있다고 본다. 즉, 능력은 고정적이고 불변적인 것이 아니라 노력에 의해 얼마든지 성장하고 변화한다는 성장 신념(growth mindset)이 크게 부상하고 있다. 또한 성공을 위해선 IQ보다 목표를 향한 끈기와 열정의 힘을 뜻하는 그릿(grit)이 더 요구된다는 것이다. 이제 IQ로 사람을 판단하지 말자!

당근과 채찍의 강도와 일의 능률은 비례한다
크레스피 효과 Crespi effect

　당근과 채찍(Carrot & Stick)이란 말을 들어보았을 것이다. 동기부여를 위한 상벌의 원칙을 말할 때 많이 쓰이는 말이다. 당근과 채찍이란 말은 당나귀를 달리게 하기 위해 눈앞에 당근을 매달고 채찍을 휘두른 데서 유래한 것이다. 직원들의 급여를 3%에서 5%로 올려 주면(당근을 주면) 직원들이 일시적으로는 고마움을 느낀다. 그러나 그 순간 직원들의 눈높이는 올라가서 그다음에는 7%쯤 올리지 않으면 오히려 직원들의 불만이 쌓이게 된다. 채찍도 마찬가지인데, 맷집이 생기기 때문이다. 이와 관련된 심리학 용어로 크레피스 효과(Crespi effect)란 것이 있다. 이는 보상과 처벌의 강도가 점점 강해져야 일의 수행 능률이 계속해서 증가할 수 있다는 효과를 말한다. 여기서 보상과 처벌은 흔히 '당근과 채찍'에 비유된다.

1942년 미국의 심리학자 레오 크레스피(Leo P. Crespi)는 당근과 채찍이 일의 능률을 높이는 효과를 가져오려면 점점 강도가 세

L. P. Crespi(1916~2008)

져야 한다는 것을 실험을 통해 입증하였다. 그는 쥐들에게 미로 찾기 실험을 했는데, 한 집단은 미로 찾기에 성공할 때마다 먹이 하나씩을 주고, 다른 집단은 5개씩 주었다. 그 결과 먹이 5개를 상으로 준 집단이 훨씬 미로를 빨리 찾아내 탈출하였다. 이렇게 4~5번 반복한 후 이번에는 앞서 1개씩 받던 집단에는 상을 5개로 늘려주고, 5개씩 받던 집단에는 1개로 줄였다. 그랬더니, 전자의 집단은 처음부터 5개씩 받던 집단이 초기에 보였던 것보다 훨씬 더 빨리 미로를 찾았다. 반대로 후자의 집단은 처음에 1개씩 받던 집단의 초기 성적에 비해 훨씬 낮은 성공률 및 수행 능률을 보였다. 이 결과의 의미는 결국 당근과 채찍 전략에서 효과를 일으키는 것은 현재 당근과 채찍을 얼마씩 주느냐가 아니라 이전에 비해 얼마

나 더 많이 주느냐라는 것이다. 바로 이 실험을 토대로 유래된 것이 크레피스 효과이다.

오늘날 크레스피 효과는 교육, 비지니스, 정치를 비롯한 여러 분야에서 사용되고 있다. 교육 현장에서 크레스피 효과는 아이의 학업성취도와 관련해 쓰인다. 아이의 학업성취도를 올리기 위해 부모가 아이에게 장난감을 제공했다면, 이후 아이의 더 큰 성취도를 위해서는 장난감 그 이상의 보상을 제공해야 한다. 만약 보상의 정도를 높이지 않고 유지한다면, 처음에는 원하는 성취도를 이룰 수 있겠지만 얼마 지나지 않아 성취도가 떨어지게 된다. 팁은 좀 더 친절한 서비스를 끌어내기 위해 손님이 주는 일종의 인센티브인 셈인데, 얼마 지나지 않아 팁은 당연히 줘야만 하는 것으로 변질되고 팁을 못 받으면 자존심의 상처로 이어질 수 있다. 미국 캘리포니아의 경우, 과거에는 비용의 10%만 팁으로 지불했지만 팁 문화가 활발해지면서 가게들이 더 많은 팁을 요구하게 되었고, 그로 인해 현재 소비자는 비용의 18%를 팁으로 지불해야 하는 상황에 놓였다. 정치인들은 국민들의 더 많은 표를 얻기 위해 이전보다 강도 높은 공약, 퍼주기 식의 포퓰리즘(populism) 정책을 남발한다. 예시로 복지 정책이 시민들의 큰 호응을 얻자, 그 다음부터 정치인들이 복지 정책의 적용 대상을 확대하는 등 정책의 정도를 강화하기 시작한 것을 들 수 있다.

크레피스 효과에 비추어 보면, 보상을 줌으로써 원하는 행동을 이끌어내기 위해선 보상을 점점 더 많이 줄 수밖에 없고, 그나마 쭉 받아 오던 보상을 못 받게 되면 훨씬 더 부정적인 효과가 나타난다. 반대로 처벌을 줌으로써 행동을 조절하려 하다면 점점 더 처벌의 강도가 강해져야만 현 상태를 유지할 수 있다. 따라서 아이의 더 높은 성적과 직원의 더 높은 수행능력 및 유권자들의 더 많은 표를 얻기 위해서는 전보다도 더 많은 보상과 처벌이 필요할 수밖에 없는데, 과연 그 보상과 처벌의 강도에 끝이 있겠는가?

크레스피 효과의 당근 전략은 긍정적 수행능력을 끌어올리기 때문에 적절히만 사용하면 시행하는 사람과 받는 사람 모두에게 이로운 결과를 가져올 수 있다. 그렇지만 경제적인 혹은 물질적인 보상이 당연시 되면 계속해서 '전보다 더'를 원하게 되는 기대심리 때문에 부작용이 생길 수도 있다. 그렇다고 전보다 더 보상을 철회하는 등의 채찍을 가하면 당사자에게 자극을 주기보다는 업무 수행능력이 더 떨어지는 결과를 초래할 수도 있다. 아이들 훈육에서 칭찬과 보상이 계속되면 칭찬과 보상이 당연해지다 점점 부담감을 갖게 되고, 꾸중과 질책이 계속되면 이는 점점 비난, 언성, 폭언 등으로 나아가는 일이 생길 수도 있다. 그러므로 크레스피 효과를 염두에 두면서 어떻게 적절히 당근과 채찍을 줄 수 있을까를 늘 고민해 보아야 할 것이다.

남들도 내 생각과 같을 것이라고 믿는 착각
허구적 일치성 효과 false consensus effect

 만일 어떤 사람이 너무나 사랑하고 있는 이성친구가 업무상 다른 이성을 만나야 한다면, 그는 어떤 생각이 들까? 일 때문에 만나는데 괜찮다고 생각하며 넘어가는 사람도 일부 있겠지만, 대다수는 "다른 이성이라니, 절대 안 돼!"라며 반대할 것이다. 특히 바람기 있는 사람이라면 더욱 반대할 것이다. 다른 이성을 만나는 것을 용납하지 못하는 이유가 무엇 때문일까? 자신이 다른 이성을 만나면 마음이 흔들리기 때문에 애인도 자신이 아닌 다른 이성을 만나면 그럴 것이라고 짐작하는 것이다. 심리학에서는 이를 허구적 일치성 효과 혹은 허위 합의 효과(false consensus effect)라고 한다. 이것은 객관적인 확인 절차 없이 남들도 자기와 같을 것이라고 자기만의 기준으로 단정하는 것을 의미한다.

허구적 일치성 효과는 실제보다 많은 사람이 자기 의견에 동의할 것으로 오해하는 것, 실제로는 대부분의 사람들이 자기와 다른 의견을 가지고 있음에도 불구하고 자기가 생각하고 행동하는 방식대로 다른 사람들도 생각하고 행동한다고 믿는 경향, 자신의 생각과 다른 사람들의 생각이 합치하는 정도를 과대평가하는 현상, 자신의 생각이나 태도 혹은 행위가 남과 다르지 않은 보편적인 것이라고 믿는 경향, 자기 집단의 견해가 다수파 집단의 견해와 대등하다고 믿는 경향, 자기 눈에 보이는 동향이 계속될 것이라 생각하는 것 등 여러 가지 표현으로 정의되고 있지만 그 의미는 모두 같다.

우리는 사적인 자리에서 말다툼이나 논쟁을 하다가 자기주장의 정당성을 확신할 때에 "길을 막고 지나가는 사람에게 물어보자. 누가 옳다고 하는지…"라는 말을 한다. 길을 막고 지나가는 사람에게 물어보면, 자기 의견에 찬성하는 사람이 많을 것이라고 착각하기 때문이다. 그럴 수도 있고 아닐 수도 있겠지만, 남들도 내 생각과 같을 것이라고 믿어 의심치 않는다면, 이런 착각을 가리켜 허구적 일치성 효과라고 하는 것이다. 부부싸움이 쉽게 끝나지 않는 것도 하나같이 서로가 자신이 잘한 일만 생각하고, 다른 사람들이 자신과 같은 입장에 처하면 똑같이 그리 했을 것이라고 생각하기 때문이다. 그래서 싸움은 더

L. D. Ross(1942~)

욱 더 악화되고, 서로 "길을 막고 사람들한테 물어봐라! 네가 잘했나 내가 잘했나!"라고 말하는 것이다. 이처럼 객관적인 확인 절차 없이 보다 많은 사람이 자기 의견에 동의할 것으로 오해하는 것을 허구적 일치성 효과라고 하는 것이다.

1977년 미국 스탠포드대학교 사회심리학자인 리 로스(Lee D. Ross) 교수는 허구적 일치성 효과를 확인하기 위해 대학생들에게 〈샌드위치는 조스에서!〉라고 쓰인 큼직한 간판을 샌드위치맨처럼 앞뒤에 걸치고 30분간 캠퍼스를 돌아다닐 수 있는지 묻고, 또한 다른 사람들에게 똑같은 부탁을 하면 언제나 많은 사람들이 부탁을 들어줄 것 같은지를 판단하게 하는 샌드위치 광고판 실험을 했다. 조스 식당에서 파는 음식의 품질에 대한 정보는 전혀 없었기 때문에 그것을 메고 다니는 대학생들이 우습게 비칠 수 있는

상황이었다. 연구자의 요구에 동의했던 많은 학생들이 다른 사람들도 자기처럼 요구를 들어줄 것이라고 응답하였고, 연구자의 요구에 응하지 않겠다고 했던 학생들은 남들도 자기와 마찬가지로 요구에 동의하지 않을 것이라고 응답하였다. 어떤 이유로 실험을 동의하고 거부했던 간에 학생들은 다른 사람들도 자기와 비슷한 생각을 할 것이라고 여겼던 것이다. 즉, 남들도 자기와 같을 것이라는 믿음이 자신의 행동을 정당하게 해 주었던 것이다.

허구적 일치성 효과는 앞에서 언급한 애인이 "다른 이성을 만나는 건 절대 안 돼!"와 부부싸움과 같은 인간관계에서 외쳐지는 "길을 막고 물어봐"와 같은 예에서 보듯이 우리 주변에서 흔히 볼 수 있다. 자신의 단점을 남들도 다 가지고 있다고 생각하거나, 자신이 바람을 피우면 다른 사람도 바람을 피운다고 생각하거나, "다른 사람들도 나처럼 짝퉁을 살 거야."라며 자신의 행동을 합리화하거나, 어느 자리에서나 와인 이야기로 너스레를 떠는 사람이 다른 사람들도 자신처럼 와인에 관심이 있을 것이라고 믿고 와인 이야기로 몇 시간

을 너스레를 떨거나, 정치인이 객관적 검증 없이 자기 생각이 국민 의사와 같을 것이라는 오지랖 넓은 생각을 하는 것도 그 예라 할 수 있다.

이와 같은 허구적 일치성 효과는 남들도 내 의견과 같을 것이라고 추측하는 오류 혹은 편향으로서, 여기에는 자신의 행동을 보편화함으로써 자신의 이미지를 더 긍정적으로 받아들이게 되고 사회적 인정을 받으려는 의도가 있기 때문이다. 상대적으로 나이가 많은 사람, 권력이 있는 사람, 자존감이 높은 사람, 유유상종을 좋아하는 사람들에게서 허구적 일치성 효과가 더 쉽게 나타날 가능성이 있다. 연애하는 사람 눈에는 연애하는 사람들만 보이고, 내가 바람을 피우면 남도 바람을 피운다고 생각하는 심리와 같은 허구적 일치성 효과와는 달리, '내가 하면 로맨스, 남이 하면 불륜'과 같이 자신은 남들과 달리 독특한 개성을 갖고 있다거나 자신의 장점을 아주 희귀하다고 보는 경우와 같은 허구적 독특성 효과(false uniqueness effect)도 있다. 이것은 흔히 군대 다녀 온 사람들이 자기가 군대에서 제일 많이 고생했고 남들이 하기 힘든 경험을 했다고 말하는 것과 같은 심리 상태를 말한다.

허구적 일치성 효과의 심리 상태는 한 개인의 선택이 신념에 영향을 미치는 과정에서 자신에게 유리한 낙관적 방향으로 기우는 무의식적 편견에서 생긴다고 심리학자들은 믿는다. 허구적 일치성 효과의 사용은 인지적으로 조화와 안정감을 제공하고 정신건강에 도움이 될 수 있다는 긍정적 측면도 있지만, 자신이 다른 사람의 생각을 알고 있고 자기 생각과 똑같다고 판단해서 나오는 편향이기 때문에 가급적 허구적 일치성 효과라는 심리 현상에서 벗어나는 것이 바람직하다.

백 마디 말보다 한 번의 포옹이 마음을 사로잡는다

안아주기 효과 holding effect

〈생명을 구하는 포옹(The Rescuing Hug)〉이라는 기사로 전 세계에 알려진 감동적인 쌍둥이 자매 이야기를 알고 있는가? 1995년 10월 17일, 미국 매사추세츠 메모리얼 병원에서 카이리 잭슨(Kyrie Jackson)과 브리엘 잭슨(Brielle Jackson)이라는 쌍둥이 여아가 태어났다. 두 아이는 예정일보다 12주나 더 빨리 태어났고, 태어날 당시 몸무게가 1kg 밖에 되지 않았다. 미숙아로 태어난 쌍둥이들은 인큐베이터에 들어갔고, 그중 한 아기(동생 브리엘)는 심장에 큰 결함이 있어 생명이 매우 위독한 지경이었다. 의사들이 최선을 다하였지만 더 이상 어쩔 수 없다고 포기를 할 즈음, 이들을 안타깝게 돌보던 한

간호사가 그 죽어가는 아픈 아기를 더 건강한 아기(언니 카이리)의 인큐베이터 안에 집어넣어 엄마 배 속에서 함께 부둥켜안고 있었던 것처럼 아기들을 따로 떼어 둘 것이 아니라 같이 두는 것이 좋겠다고 제안했다. 두 아이를 한 인큐베이터 안에 나란히 눕히자 놀라운 일이 일어났다. 그나마 더 건강한 아기가 제 스스로 팔을 뻗어 아픈 아기를 감싸 안는 것이었다. 이 아기의 손길이 닿아있을 때부터 갑자기 아무런 이유도 없이 아픈 아기 브리엘의 심장이 안정을 되찾기 시작했고, 혈압이 정상으로 돌아왔으며, 그 다음에는 체온이 제자리로 돌아왔다. 그리곤 거짓말처럼 생명이 위태로웠던 아기는 기적적으로 살아남게 되었고, 그 후 두 아기는 아무 탈 없이 정상적으로 성장하여 매우 건강한 모습으로 생활하고 있다고 한다.

이 쌍둥이 자매 이야기에서 건강한 아이가 허약한 자매에게 주었던 것은 무엇이었을까? 바로 두 팔로 온기를 전해 주고 온 몸으로 사랑을 전해 주는 어루만짐의 '안아주기'이다. 안아주는 것이 아무것도 아닌 것 같지만, 사람의 마음을 안정시켜주는 효과가 있다. 호주에서 많이 서식하고 있는 캥거루(Kangaroo)가 새끼를 낳으면 자신의 배 주머니에서 새끼를 키우는 것처럼, 엄마가 아이를 안아주면 아이의 정신적인 발달과 안정감에 도움을 주며, 아이는 엄마로부터 보호를 받는다는 감정과 안정감을 받게 되기 때문에 건강한 자아를 가질 수 있다고 한다. 그래서 캥거루 케어(Kangaroo mother care)라는 말이 탄생하기도 했다. 1983년 콜롬비아에서 인큐베이터 부족으로 말미암아 캥거루 케어처럼 안아주기를 했더니 이 방법이 인큐베이터보다 더 놀라운 결과를 나타냈고, 그 이후 미국과 유럽의 선진 국가에서 많이 사용되는 케어법이 되었다고 한다.

많은 아이들을 치료하고 상담한 영국의 소아과 의사이자 대상관계심리학(object relations, 대상관계란 자아와 대상과의 사이에서 성립하는 관계를 말하며, 여기서 대상이란 인간을 포함하여 자아가 관계를 갖는 모든 사물을 말함) 이론의 기틀을 확립한 학자이기도 한 도날드 위니캇(Donald W. Winnicott)은 어머니가 어린 자녀를 안아주는 것은 아이로 하여금 어머니라는 대상과의 관계를 견고하게 형성시켜 주는 행위라고 보았다. 대상관계이론에 의하면, 아이가 존재의 연속성을 경험하기 위해서는 어머니의 안아주기가 절대적으로 중요하며 이런 안아주는 환경 제공이 아이의 정서와 성격 발달에 커다란 영향을 미친다.

안아주기는 단순한 스킨십을 넘어서 의존적인 아이가 필요로 하는 안정적이고 촉진적인 환경을 만들어주는 모성적인 보살핌과 사랑을 말한다. 아이는 이러한 안아주기를 통해서 심리적으로 안정을 갖게 되고, 안정된 상태에서 양육되고 성장하게 된다. 안아주기를 하게 되면 모성행동을 촉진시키는 애정 호르몬인 옥시토신이 분비되어 마음의 안정감을 갖게 해주고, 마음의 안정이 생기게 되면 사람과 사람 사이의 정서적 유대감과 친밀감을 촉진시키며 스트레스를 완화해준다. 호주 시드니대학교에서 코칭심리학을 강의하는 앤소니 그랜트(Anthony M. Grant) 교수의 실험에 의하면, 안아주기가 스트레스에서 분비되는 코티솔이라는 호르몬을 낮추어 혈압을 내려주고 면역력을 높이며 심리적 불안을 감소시켜주는 효과가 있다. 이를 심리학에서는 안아주기 효과(holding effect, embracing effect) 혹은 포옹 효과(hug effect)라고 한다.

안아주기는 자녀가 어릴 때는 실제로 부모가 품에 안아주는 것을 의미하지만, 자녀가 점차 성장하게 되면 그 표현방법은 바뀌게 되어 자녀와 자주 대화를 갖고 자녀를 충분히 이해해주며 손을 꼭 잡아주거나 툭툭 쳐주면서 격려하는 것으로 바뀌게 된다. 부모와 자녀와의 관계에서 뿐만 아니라 모든 대인관계에서 상대를 가슴으로 안아주고 보듬어 주듯 마음으로 이해하고 소중하게 대해주면 누구하고라도 좋은 관계를 형성하고 유지할 수 있다. 부부끼리도 서로 많이 안아주는 부부가 그렇지 않은 부부에 비해 스트레스를 덜 느끼며 오래 살고 행복하다고 한다.

공부에 지쳐 늦게 귀가하는 자녀에게 "오늘 열심히 공부했어? 학교(학원)에서 뭘 배웠어?"라고 묻기보다는 "우리 아들(딸) 오늘 힘들었지? 수고했어!"라고 말하며 꼭 안아주자. 힘들고 지쳐있는 남편(아내)에게, 친구에게, 직장 동료에게 공감과 위로의 표정을 지으며 넌지시 손을 내밀어 양손을 꼭 잡아주고 살며시 안아주자. 평소 친했던 사람은 물론 서먹서먹했던 사람들에 대해서도 조용히 다가가 조건 없이 자연스럽게 안아주자. 안아준다는 것은 마음을 열겠다는 표시이자 상대를 받아들이겠다는 표현이며, 잠시나마 그와 일체가 된다는 것을 뜻한다. 인간에게는 거부당하는 것, 특히 사랑하는 상대로부터 받아들여지지 않는 것은 바로 죽음이고 그보다 더한 고통이 없으며, 이러한 실존적 고통을 에릭 프롬(Erich Fromm)은 '카인의 고통'이라 이름 지었다. 거부하지 말고 뿌리치지 말자. 늘 넓은 품으로 서로 보듬고 안아준다면 보다 따뜻한 세상이 될 것이다.

재미있는 심리 효과 이야기
이펙트
ⓒ 정종진, 2019

초판 1쇄 발행 2019년 10월 25일

지은이 정종진
펴낸이 이은재
편 집 권정근
디자인 이태호

펴낸곳 도서출판 그루
출판등록 1983. 3. 26(제1-61호)
주소   06121 서울특별시 강남구 봉은사로 129, 1210호
          42452 대구광역시 남구 큰골 3길 30
전화   02-358-1161, 053-253-7872
팩스   053-257-7884
전자우편 guroo@guroo.co.kr

ISBN 978-89-8069-404-4
• 이 책은 저작권법에 의해 보호받는 저작물이므로 무단 전재와 무단 복제를 금하며 이 책 내용의 전부 또는 일부를 이용하시려면 반드시 저작권자와 도서출판 그루에 서면 동의를 받아야 합니다.
• 잘못된 책은 구입하신 곳에서 바꿔 드립니다.
• 책값은 뒤표지에 있습니다.